AUTORES:

Antonio Cruz Oya
Emilio J. Martínez López
Antonio Pantoja Vallejo

EL DEPORTE EN LA ESCUELA

Análisis del programa educativo

Título: EL DEPORTE EN LA ESCUELA. Análisis del programa educativo

Autores: ANTONIO CRUZ OYA, EMILIO J. MARTÍNEZ LÓPEZ Y ANTONIO PANTOJA VALLEJO

Fotografía de portada: José Luis Rúa Nácher

Editorial: WANCEULEN EDITORIAL DEPORTIVA, S.L.
C/ Cristo del Desamparo y Abandono, 56   41006 SEVILLA
Tlfs 954656661   y   954921511 - Fax: 954921059

ISBN: 978-84-9993-246-0

Dep. Legal:
©Copyright: WANCEULEN EDITORIAL DEPORTIVA, S.L.
Primera Edición: Año 2012
Impreso en España: Publidisa

Reservados todos los derechos. Queda prohibido reproducir, almacenar en sistemas de recuperación de la información y transmitir parte alguna de esta publicación, cualquiera que sea el medio empleado (electrónico, mecánico, fotocopia, impresión, grabación, etc), sin el permiso de los titulares de los derechos de propiedad intelectual. Cualquier forma de reproducción, distribución, comunicación pública o transformación de esta obra solo puede ser realizada con la autorización de sus titulares, salvo excepción prevista por la ley. Diríjase a CEDRO (Centro Español de Derechos Reprográficos, www.cedro.org) si necesita fotocopiar o escanear algún fragmento de esta obra.

Es de importancia para quien desee alcanzar
una certeza en su investigación,
el saber dudar a tiempo.

Aristóteles

ÍNDICE

INTRODUCCIÓN 11

CAPÍTULO 1. Marco Teórico. El deporte en edad escolar en Andalucía 17
    1.1. El deporte en edad escolar en Andalucía 19
    1.2. Investigaciones sobre el deporte en edad escolar en Andalucía 21
        1.2.1. El deporte en la edad escolar. Diagnóstico 23
        1.2.2. Uso del tiempo libre 23
        1.2.3. El deporte en Primaria 23
        1.2.4. El deporte en el Instituto 24
        1.2.5. La medicina del deporte 25
        1.2.6. Las instalaciones deportivas 26
    1.3. Plan Estratégico General del Deporte de Andalucía para los años 2008-2016 27

CAPÍTULO 2. El programa "El deporte en la Escuela" 33
    2.1. El coordinador del programa 35
    2.2. El monitor/técnico deportivo 36
    2.3. El alumnado 37
    2.4. Los padres/madres 38

CAPÍTULO 3. El deporte escolar 39
    3.1. Características del deporte escolar 39
        3.1.1. Deporte escolar y juego 41
    3.2. Deporte vs Educación 42
    3.3. Deporte escolar e iniciación deportiva 46
    3.4. Deporte escolar y competición 48
    3.5. Deporte escolar y deporte en edad escolar 50
    3.6. Deporte escolar y deportes ofertados 52
    3.7. Deporte escolar y agentes implicados 53

CAPÍTULO 4. El monitor/técnico deportivo 55
    4.1. Formación del monitor/técnico deportivo 55

CAPÍTULO 5. Deporte escolar vs Currículum 61
    5.1. Área de la Educación Física vs Deporte Escolar 61
    5.2. Áreas transversales vs Deporte Escolar 62

CAPÍTULO 6. Planteamiento metodológico de la investigación............65
    6.1. Contextualización y formulación y del problema.................................67
    6.2. Objetivos...70
    6.3. Metodología utilizada..71
    6.4. Cronograma de actuación...72
    6.5. Instrumentos utilizados...72
        6.5.1. Cuestionario..73
            6.5.1.1. Diseño del cuestionario...74
            6.5.1.2. Validación del cuestionario...75
                6.5.1.2.1. Validez de contenido...75
                6.5.1.2.2. Validez de constructo..77
                      6.5.1.2.2.1. Análisis de correlación..........................90
    6.6. Población y muestra...91
        6.6.1. Procedimiento...95
    6.7. Variables nominales...97
        6.7.1. Área de contenido: Datos coordinadores...................................97

CAPÍTULO 7. Acercamiento a la realidad. Recogida y análisis de resultados 101
    7.1. Análisis de las variables..101
        7.1.1. Análisis de resultados de las características generales del programa en cada centro educativo...101
        7.1.2. Área de contenido: Valoración general del programa............106
        7.1.3. Variables que conforman la escala según dimension 107
            7.1.3.1. Dimensión 1: Formación del monitor/técnico deportivo..107
            7.1.3.2. Dimensión 2: Programa vs Área de la Educación Física vs Currículum..109
            7.1.3.3. Dimensión 3: Agentes implicados (padres/madres – centro escolar – monitor deportivo)...111
            7.1.3.4. Dimensión 4: Material, equipamiento e instalaciones deportivas..112
            7.1.3.5. Dimensión 5: Acerca del futuro del programa................114
    7.2. Tablas de contingencia...115

CAPÍTULO 8. Discusión y conclusiones. Planteamiento de estrategias..131
    8.1. Discusión y conclusiones...131
    8.2. Planteamiento de estrategias y propuestas de futuro....................133

REFERENCIAS BIBLIOGRÁFICAS..135

ANEXOS **141**
    Anexo 1. Base de datos de centros educativos incluidos en el programa 141
    Anexo 2. Centros públicos y número de alumnos de Educación Primaria (incluidos Semi-D) por cursos en la provincia de Jaén durante el curso 2008-2009 147
    Anexo 3. Centros públicos y número de alumnos de Educación Secundaria Obligatoria por cursos en la provincia de Jaén durante el curso 2008-2009 156
    Anexo 4. Residencias Escolares y número de alumnos matriculados en la provincia de Jaén durante el curso 2008-2009 161
    Anexo 5. Alumnos matriculados en los centros de Educación Primaria inscritos en el programa y comparativa con los alumnos participantes y género durante el curso académico 2008-2009 162
    Anexo 6. Alumnos matriculados en los centros de Educación Secundaria inscritos en el programa y comparativa con los Alumnos participantes y género durante el curso académico 2008-2009 168
    Anexo 7. Alumnos de Residencias Escolares participantes en el programa por centros y género durante el curso académico 2008-2009 171
    Anexo 8. Cuestionario de satisfacción de los Coordinadores del Programa El Deporte en la Escuela 172
    Anexo 9. Cursos por modalidad deportiva y centro académico 2008-2009 ordenados por código de centro 179

INTRODUCCIÓN

El deporte escolar es una cuestión que preocupa a la mayoría de los profesionales de la Educación Física y del Deporte; por ello, tiene un lugar preferente y como tal nos sentimos obligados a seguir trabajando y adaptarnos a los cambios que suceden.

La Constitución Española reconoce la trascendencia del deporte en su art. 43, apdo. 3, en el que dispone que "los poderes públicos fomentarán la educación sanitaria, la educación física y el deporte". Por consiguiente, es un derecho de todo ciudadano a conocerlo y practicarlo, y las administraciones competentes deben acercar el deporte y los valores que transmite para el desarrollo integral de la persona. Así, el art. 6, Capítulo I, de la Ley del Deporte (1998), establece como una de las competencias de la Administración de la Junta de Andalucía, la ordenación, organización y programación del deporte escolar a través de planes y programas específicos de carácter anual, entendiendo éste como todas aquellas actividades físico-deportivas que se desarrollen en horario no lectivo, dirigidas a la población en edad escolar y de participación voluntaria.

La Consejería de Educación, por Orden de 21 de julio de 2006, regula en su anexo IV, el procedimiento que deberán seguir los centros docentes públicos de Educación Primaria y Educación Secundaria Obligatoria, para la elaboración, solicitud, aprobación, seguimiento y evaluación del proyecto educativo para participar en el programa "El Deporte en la Escuela" (BOJA núm. 149, de 3 de agosto de 2006).

El programa "El Deporte en la Escuela" es un proyecto educativo iniciado por la Consejería de Educación de la Junta de Andalucía durante el curso 2006-2007, cuyo ámbito específico de aplicación será el de todos los centros docentes públicos que impartan enseñanzas de régimen general de Educación Primaria y Educación Secundaria Obligatoria, que se articula en torno al Proyecto de Centro y considerado un programa que se vincula a todo el centro y no únicamente a una parte del mismo.

El programa aspira a impulsar y fomentar la práctica deportiva en los centros escolares fuera del horario lectivo y pretende estar íntimamente ligado al proceso educativo; por consiguiente, se concibe el centro docente como el eje básico para la práctica deportiva junto con la participación del resto de la Comunidad Educativa, lo que supone una dinamización deportiva en la vida de los centros escolares. Evidentemente, el centro escolar no es el único, pero sí quiere ser el más eficaz en este sistema deportivo.

Tiene como objetivo fundamental el fomentar en el alumnado la adquisición de hábitos permanentes de actividad física y deportiva, utilizar el deporte como elemento de integración del alumnado de necesidades educativas especiales, influir en el clima del centro, ayudando a la integración de colectivos desfavorecidos, como inmigrantes, deprimidos socioeconómicos, etc., y hacer de la práctica deportiva un instrumento para la adquisición de valores como la solidaridad, la colaboración, el diálogo, la tolerancia, la igualdad entre sexos, el juego limpio.

Otros estudios han analizado el deporte escolar en otras comunidades, diseñado nuevos modelos de organización del deporte escolar, analizado el papel de otros agentes implicados en el deporte escolar como el profesor de Educación Física o el monitor deportivo (Devís 1996, Petrus 1997, Pereda 2000, Álamo 2001, González 2003, Ortúzar 2004, Fraile 2004, etc.); sin embargo, hemos querido analizar y estudiar el deporte realizado en horario no lectivo en los centros escolares (su funcionamiento, los agentes implicados, el monitor o técnico deportivo, las instalaciones deportivas,...), que se desarrolla actualmente en la Comunidad Andaluza a través del programa El deporte en la escuela.

Cumpliéndose tres cursos desde su implantación, y dadas las propuestas de mejora que elevan los coordinadores del programa en reuniones periódicas, creemos necesario un análisis de este programa educativo, una evaluación, ya que lo que no se evalúa no es visible, aunque estamos de acuerdo que una evaluación mal hecha puede ser perjudicial; pero opinamos que la evaluación no es nuestra enemiga, sino una aliada. ¿Qué opinan nuestros coordinadores del programa?, o más aún, ¿cómo les gustaría que fuera en el futuro? El presente trabajo intentará dar respuesta a estos interrogantes; por consiguiente, nuestro problema de investigación se basa en comprobar la eficacia real del programa en estos tres años.

Nuestro trabajo de investigación tiene como objeto de estudio los distintos sectores implicados en su desarrollo, centrándonos en este proyecto en los coordinadores del programa, y posteriormente, incorporar al trabajo de tesis doctoral a otros grupos de agentes sociales comprometidos en el programa, principalmente a los alumnos/as, padres/madres y monitores o técnicos deportivos.

Por ello, el principal objetivo de este estudio se centra en averiguar el grado de satisfacción del Programa Educativo "El Deporte en la Escuela" en la provincia de Jaén, desde la perspectiva de los Coordinadores del Programa. Como objetivos específicos pretendemos conocer si los monitores o técnicos deportivos se encuentran correctamente cualificados, determinar si está vinculado en consonancia con el área de la Educación Física, además de su relación con otros temas transversales, comprobar el grado de implicación de los distintos sectores que intervienen en el programa, establecer si las actividades físico-deportivas se realizan en las mejores condiciones posibles, y conocer qué piensan los Coordinadores sobre el futuro del programa.

Para ello, este trabajo de investigación se estructura en cuatro módulos bien diferenciados que definen todo el proceso de investigación. Comenzamos el primer módulo con una primera parte en la que se hace referencia al deporte en edad escolar en Andalucía y al Plan General del Deporte de Andalucía del período del 2004 al 2007. Posteriormente, nos acercamos a las investigaciones realizadas sobre el deporte en edad escolar en Andalucía. Y finalmente un apartado dedicado al Plan Estratégico General del Deporte de Andalucía para el período 2008-2016, como una iniciativa de la Junta de Andalucía para reflexionar, primero, sobre la situación del deporte en nuestra Comunidad, y proponer después, aquellos propósitos, objetivos, líneas estratégicas y medidas y proyectos en los que trabajar conjuntamente con el resto de los agentes de nuestro dinámico sistema deportivo.

En la segunda parte de este módulo hacemos referencia al programa "El deporte en la escuela", sus características y objetivos, y los distintos agentes implicados en su funcionamiento (los coordinadores, el alumnado, los monitores/técnicos deportivos y los padres/madres). Finalmente, nos acercamos al deporte en la escuela, donde planteamos las características del deporte escolar, el deporte y la educación, la iniciación deportiva, la competición, los conceptos deporte escolar y deporte en edad escolar, la oferta deportiva y los agentes que intervienen en el deporte escolar.

En el segundo módulo de este estudio nos acercamos al planteamiento metodológico que hemos establecido, el diseño de investigación, que incluye la construcción y validez del instrumento utilizado, las distintas fases del proceso que contribuyen al desarrollo de la investigación. La muestra participante está formada por los coordinadores del programa a nivel provincial. Se ha recogido el testimonio de 153 coordinadores, lo que representa un 93,29% del total de la población (164). Hemos optado por una metodología cuantitativa o positivista, basándonos en una investigación descriptiva que tiene como objetivo central la descripción de los datos obtenidos, y nuestro estudio tiene un corte transversal puesto que estudiamos nuestro objeto de investigación en un momento concreto. Hemos elegido el cuestionario como instrumento de recogida de datos, en este caso de elaboración propia, para lo cual se ha realizado la validez de contenido, llevada a cabo por un grupo de expertos, y a la validez de constructor, realizando el análisis factorial del mismo en función de los resultados de la prueba piloto mediante tratamiento estadístico-informático.

Hemos sido conscientes al escoger el método descriptivo en este estudio de las limitaciones que tiene, pero consideramos que es un primer paso para recabar información de manera descriptiva como base para proseguir con la investigación utilizando otros métodos científicos, de índole cualitativo.

El tercer módulo del proceso de investigación se dedica al acercamiento a la realidad, con el análisis estadístico de los resultados obtenidos, con el fin de dar respuesta a los objetivos planteados. Se han analizado cada una de las variables de la investigación mediante el programa informático-estadístico SPSS 15.0 para Windows, y se han cruzado las variables por medio de las tablas de contingencia.

En el cuarto y último módulo, plantearemos estrategias después de redactar las conclusiones recogidas en la investigación. Naturalmente, en todo este proceso de investigación sucede que en fases avanzadas se puede retroceder a alguna de las anteriores, modificándola o completándola de una u otra manera.

Por último, y tras la bibliografía utilizada se adjuntan los anexos del estudio de investigación, en el que se encuentra el cuestionario definitivo. Igualmente, en la cara interna de la contraportada se acompaña en formato digital un CD con el contenido del trabajo.

Finalmente, me gustaría hacer referencia a quienes me han ayudado y colaborado conmigo a lo largo de este ansiado trabajo. Ante todo, mi mayor agradecimiento a mis tutores de tesina, los doctores Emilio J. Martínez y Antonio Pantoja, quienes han sabido orientarme para que este "barco" llegara a buen puerto. Mis agradecimientos también a la Delegación Provincial de Educación de Jaén, en especial a Diego Plaza y José Luis López, que me han escuchado y apoyado persistentemente y, de los cuales, presumo de contar con su amistad y estimación. Agradezco igualmente el trato afectuoso recibido de Antonio Ponce, de la Dirección General de Participación e Innovación Educativa de la Consejería de Educación. Agradecimiento también al coordinador regional y a los coordinadores provinciales y del programa a nivel andaluz, por su participación y colaboración, para la elaboración y validez del cuestionario. Y por último, agradecer enormemente la participación de los coordinadores del programa en la provincia de Jaén, pues sin ellos no hubiese sido posible llevar este proyecto hasta el final.

Señalamos que el uso mayoritario del género masculino en todo este trabajo de investigación responde únicamente a criterios de simplicidad y fluidez en su redacción y lectura, y no a encubrir conceptos estereotipados en relación al género.

Capítulo 1
MARCO TEÓRICO. EL DEPORTE EN EDAD ESCOLAR EN ANDALUCÍA

Es indudable que el deporte es una realidad social y un elemento de gran relevancia en nuestra cultura, que está presente de manera diaria en nuestras vidas, hasta el punto de llegar a ser un vehículo capaz de movilizar a grandes masas. La Carta Internacional de la Educación Física y el Deporte (1978), en su art. 1º establece que "la práctica de la educación física y el deporte es un derecho fundamental para todos. Todo ser humano tiene el derecho fundamental de acceder a la educación física y al deporte, que son indispensables para el pleno desarrollo de su personalidad. El derecho a desarrollar las facultades físicas, intelectuales y morales por medio de la educación física y el deporte deberá garantizarse tanto dentro del marco del sistema educativo como en el de los demás aspectos de la vida social".

La Organización de las Naciones Unidas para la Educación, la Ciencia y la Cultura (UNESCO), insta a los gobiernos para fomentar el deporte y la educación física y para mejorar el conocimiento general de los beneficios del deporte como medio para promover la educación en particular, y proclamó el año 2005 como el Año Internacional del Deporte y la Educación Física, como medio de fomentar la educación, la salud, el desarrollo y la paz. Kofi Annan, Secretario General de las Naciones Unidas, afirma: *"La gente de todas las naciones ama el deporte. Sus valores -buen estado físico, el juego limpio, el trabajo en equipo y la búsqueda de la excelencia- son universales. Ésta puede ser una poderosa fuerza positiva en la vida de los pueblos devastados por la guerra o la pobreza, especialmente los niños. El Año Internacional del Deporte y la Educación Física es un recordatorio a los Gobiernos, las organizaciones internacionales y los grupos comunitarios en todas partes para que se inspiren en el deporte con el fin de fomentar los derechos humanos, el desarrollo y la paz".*

La Ley 10/1990 del Deporte en España, determina que el deporte se constituye como un elemento fundamental del sistema educativo y su práctica es importante en el mantenimiento de la salud y, por tanto, es un factor corrector de desequilibrios sociales que contribuye al desarrollo de la igualdad entre los ciudadanos, crea hábitos favorecedores de la inserción social y, asimismo, su práctica en equipo fomenta la solidaridad. Todo esto conforma el deporte como elemento determinante de la calidad de vida y la utilización activa y participativa del tiempo de ocio en la sociedad contemporánea.

La Carta Europea del Deporte, aprobada en Rodas, en su VII Conferencia de Ministros Responsables Europeos del Deporte, proclama el deber de los poderes públicos de proteger y fomentar el derecho de los ciudadanos a practicarlo, y establece en su artículo 2°, que el deporte debe entenderse como cualquier forma de actividad física que, a través de participación organizada o no, tiene por objeto la expresión o mejora de la condición física o psíquica, el desarrollo de las relaciones sociales o la obtención de resultados en competición a todos los niveles. Igualmente, identifica al deporte escolar como toda actividad físico-deportiva realizada por los niños y niñas en edad escolar, orientada hacia su educación integral, así como al desarrollo armónico de su personalidad, procurando que la actividad deportiva no sea exclusivamente concebida como competición, sino que dicha práctica promueva objetivos formativos y convivenciales, fomentando el espíritu deportivo de participación limpia y noble, el respeto a la norma y a los compañeros de juego, juntamente con el lícito deseo de mejorar técnicamente.

Al hablar de deporte en edad escolar, debemos hacer referencia a la definición que hace el Ministerio de Educación y Ciencia a través del Consejo Superior de Deportes, que lo determina como aquellas actividades que de forma organizada se celebran fuera del programa de la asignatura de Educación Física en los centros escolares, clubes, asociaciones, etc. y en las que participan estudiantes en edad escolar.

A los efectos de la Ley 6 del deporte de Andalucía (1998), en su art. 42, el deporte en edad escolar se define como todas aquellas actividades físico-deportivas que se desarrollan en horario no lectivo, dirigidas a la población en edad escolar y de participación voluntaria, por consiguiente, hace referencia a las actividades de índole físico y deportivo que se desarrollan en el marco de la escuela pero de carácter no obligatorio. Dicha Ley, determinó la necesidad de elaborar el Plan General del deporte en Andalucía, cuyo objetivo fundamental es el fomento del deporte como factor de calidad de vida de los andaluces, y hace referencia al deporte en la escuela cuando éste se desarrolle durante el período escolar al margen de las clases obligatorias de Educación Física.

1.1. EL DEPORTE EN EDAD ESCOLAR EN ANDALUCÍA

El Parlamento de Andalucía aprobó la Ley 6/1998 de 14 de diciembre, (BOJA núm. 148) del Deporte, para favorecer su práctica por todos los ciudadanos en condiciones adecuadas. El deporte en Andalucía se concibe como un sistema integrado por diferentes elementos, entre los que destacan especialmente las personas que lo practican o deportistas, los responsables técnicos y los equipamientos deportivos y gestores que contribuyen directa o indirectamente a la práctica deportiva por los ciudadanos. Por ello, la ordenación y regulación deportiva implican una especial atención a estos tres elementos básicos, cuyo equilibrio constituye una tarea indispensable en cualquier sistema deportivo.

Esta Ley entiende que la práctica deportiva constituye un fenómeno social de especial trascendencia, por su importancia como elemento coadyuvante a la salud física y mental de quienes lo practican, y como un gran factor de corrección de desequilibrios sociales, creador de hábitos favorecedores de inserción social, canalizador del tiempo de ocio y como fomento de la solidaridad mediante su práctica en grupo o en equipo. En su art. 2º, reconoce que los poderes públicos de Andalucía fomentarán el deporte y tutelarán su ejercicio de acuerdo a unos principios rectores, entre los que destacamos, el derecho de todo ciudadano a conocerlo y practicarlo libre y voluntariamente en condiciones de igualdad y sin discriminación alguna; a considerarlo como un factor esencial para la salud, el aumento de la calidad de vida y el bienestar social y el desarrollo integral de la persona; al desarrollo de un "deporte para todos" con carácter recreativo y lúdico; a la promoción del deporte en edad escolar; la supresión de barreras arquitectónicas en las instalaciones deportivas; el fomento del juego limpio y la prevención y erradicación de la violencia en el deporte; la promoción de la atención médica y del control sanitario de los deportistas y promover la cualificación de los profesionales del deporte en todos sus ámbitos profesionales.

El deporte en edad escolar se establece como una competencia que corresponde a la Administración de la Junta de Andalucía en su art. 6, apdo. k: La ordenación, organización y programación del deporte en edad escolar, realizado en horario no lectivo, que favorezca y garantice un deporte de base de calidad. El capítulo IV de esta Ley, regula el deporte en edad escolar, entendido como todas aquellas actividades físico-deportivas que se desarrollan en horario no lectivo, dirigidas a la población en edad escolar y de participación voluntaria, y en el que los escolares andaluces podrán participar sin ningún tipo de discriminación en los planes y programas establecidos, favoreciendo con ello el desarrollo de un deporte de base de calidad.

El mecanismo legal para hacer efectiva una adecuada ordenación de los recursos públicos en materia de deporte es el Plan General del Deporte de Andalucía, que viene regulado en el Decreto 227/2002 (BOJA núm. 124), y aprobado mediante Acuerdo del Consejo de Gobierno de 1 de abril de 2004 (BOJA núm. 64), extendiendo su vigencia hasta el año 2007. Este Plan tiene dos partes claramente diferenciadas. En su primera parte elabora el diagnóstico del Deporte en Andalucía, determinando los objetivos generales, el contenido y el procedimiento de aprobación. La segunda parte se corresponde con la fase ejecutiva del mismo, donde se identifican los objetivos, las estrategias y las medidas a adoptar. Establece como objetivo final el fomento del deporte como factor de calidad de vida de los andaluces, y como objetivos intermediarios, figuran la universalización de la práctica deportiva, la consecución de mayores beneficios individuales y sociales derivados de la práctica deportiva, o la mejora cualitativa de todos los niveles deportivos, en especial, el del alto rendimiento, y la consolidación de un sistema deportivo propio de Andalucía que integre y conecte sus distintos elementos, considerando como sistema deportivo al conjunto de instituciones y formas de ejercicio de la actividad deportiva que identifican una sociedad, territorialmente delimitada.

Resulta incuestionable que, adecuadamente concebido y practicado, el deporte reporta innumerables beneficios a los ciudadanos. En el plano individual, su práctica redunda en la mejora de la salud y permite dilatar la vida útil, activa, saludable y satisfactoria. Contribuye, asimismo, al equilibrio psíquico y emocional, mejora la sociabilidad y abre vías de integración a quienes lo practican habitualmente. En el plano colectivo, fomenta la cohesión social y es un instrumento inmejorable para la consolidación y difusión de valores positivos. Gutiérrez (1995), a partir de los resultados obtenidos por las investigaciones realizadas, concluye que existen valores sociales y personales que se pueden alcanzar a través de la actividad física y del deporte:

- Valores sociales: Participación de todos, respeto a los demás, cooperación, relación social, amistad, pertenencia a un grupo, competitividad, trabajo en equipo, expresión de sentimientos, convivencia, responsabilidad social, lucha por la igualdad, compañerismo, justicia, preocupación por demás y cohesión de grupo.
- Valores personales: Habilidad, creatividad, diversión, reto personal, autodisciplina, autoconocimiento, mantenimiento o mejora de la salud, logro, recompensas, aventura y riesgo, deportividad y juego limpio, espíritu de sacrificio, perseverancia, autodominio, reconocimiento y respeto, participación lúdica, humildad, obediencia, autorrealización, autoexpresión e imparcialidad.

Este Plan General del Deporte de Andalucía determina que el deporte en los centros de enseñanza representa por diversas razones, una de las realidades de mayor protagonismo en ese segmento de edad y que en gran medida conformará determinados valores que refuercen la formación integral de la persona. Además, es en los centros escolares donde se puede lograr un deporte educativo y formativo, de manera que el deporte debe tener una orientación clara hacia la consecución de objetivos educativos. De tal manera, que las instituciones u organismos deportivos no pueden estar ajenos a los períodos evolutivos y educativos de los participantes y tienen que potenciar un tipo de deporte educativo y formativo que debe ser:

- Participativo, atendiendo a la diversidad del alumnado.
- Coeducativo, integrando a las personas con necesidades especiales, donde prime lo creativo y lo lúdico para fomentar una educación en valores.

1.2. INVESTIGACIONES SOBRE EL DEPORTE EN EDAD ESCOLAR EN ANDALUCÍA

Según los datos obtenidos por el Observatorio del Deporte Andaluz en la encuesta de Hábitos Deportivos de los Escolares en Andalucía 2001, a más de un 87% de la población escolarizada en todos sus niveles le gusta mucho o bastante practicar deporte y ejercicio físico, lo que indica que se deben establecer los mecanismos adecuados que hagan posible la satisfacción de esa demanda.

La oferta deportiva en los centros escolares es amplia en cuanto a la variedad de deportes aunque destacan el fútbol (23,50%), el baloncesto (17,75%) y el voleibol (13,55%) en los chicos, y en las chicas el baloncesto con un 19,54%, el fútbol (15,46%) y voleibol (15,44%). Llama la atención el porcentaje que un deporte como el fútbol, considerado como masculino, obtiene en las chicas.

En relación con la disponibilidad de vestuarios, en los centros de enseñanza en general, casi en la mitad no se dispone de lugares para cambiarse de ropa, ducharse, etc. Ello obliga a los participantes en el deporte a no respetar un principio básico como es la higiene corporal, la ducha recuperadora, etc. En los centros privados sólo un 22,39% no dispone de vestuarios.

La valoración global de las instalaciones deportivas de los centros, en general, ronda entre regular y deficiente con 30,72% en ambas valoraciones, lo que supone un 61,44%, y el 26,96% las consideran buenas.

Las características específicas del deporte escolar son:

- El deporte escolar ha de tener características propias que respondan a las necesidades reales del niño y del joven.
- Tiene que presentar un aspecto más educativo que competitivo y estar centrado en el niño y en el joven.
- El árbitro tiene que ser un actor más educativo que sancionador.
- El reglamento y el material tienen que estar adaptados a las características y actividad de los deportistas.
- El rendimiento y el aprendizaje técnico estarán supeditados a aspectos más recreativos y de participación.
- No tiene que ser selectivo y debe dar oportunidades de participación a todos.
- La competición debe convertirse en un medio educativo, donde lo más importante es el niño.
- No debe presentarse una especialización a edades tempranas ni tampoco presentar sesiones de entrenamiento intensivo.
- La importancia que puede tener este deporte como transferencia al deporte de las personas adultas.
- Necesidad de cualificar a los técnicos deportivos.

Para conocer la situación actual de la que partimos en Andalucía y poder establecer metas realistas en relación con la participación de los jóvenes en el deporte, la Consejería de Turismo y Deporte de la Junta de Andalucía realizó a través del Observatorio del Deporte Andaluz, una operación estadística en 349 centros educativos no universitarios repartidos por toda la geografía andaluza. Esta operación dio lugar a dos encuestas.

En la primera (encuesta sobre los hábitos deportivos de los escolares) se entrevistaron, a 2.355 alumnos y alumnas para conocer sus hábitos deportivos tanto dentro como fuera de los centros. Los resultados corresponden al curso académico 2000-2001, incluidas las vacaciones de verano. En la segunda (encuesta sobre el deporte escolar) se entrevistaron a los directores de los centros y a profesores de Educación Física, a fin de captar mediante un cuestionario especialmente elaborado para este fin, los aspectos más destacados relativos a la práctica del deporte en la escuela y en los institutos.

1.2.1. El deporte en la edad escolar. Diagnóstico

Cuando se analiza tanto el deporte extracurricular (dentro del centro pero fuera de las horas de clase) como el deporte fuera del centro, la práctica deportiva aumenta entre los 6 y los 13 años, edad en la que se presenta la máxima participación, tanto para niños como para niñas. Luego comienza a decaer hasta los 18 años. Se observa también que, en todas las edades, la participación de las niñas en deportes y actividades físicas es más baja que la de los varones.

Los deportes más practicados cambian notablemente según el género y según el momento de la práctica. En actividades extracurriculares se aprecian importantes diferencias según género: más del 25% de los niños practican fútbol, fútbol sala y baloncesto, y las niñas (con tasas inferiores al 25%) practican sobre todo baloncesto, fútbol, natación, voleibol y ciclismo. Fuera del centro el deporte más practicado por los niños es el fútbol, seguido por baloncesto, fútbol sala, voleibol, atletismo y ciclismo. Entre las niñas destacan baloncesto, fútbol y voleibol, con tasas inferiores a los niños.

1.2.2. Uso del tiempo libre

Cuando se contempla el deporte en el contexto de las actividades que los jóvenes realizan en su tiempo libre, nos encontramos con algunos hechos notables. Para empezar, los jóvenes dedican algo más de 6 horas a la semana por término medio a la práctica deportiva o a hacer ejercicio físico. Esta cifra es relativamente baja si se compara con la correspondiente a Inglaterra, en que la media es de 7,5 horas por semana. "Estar con los amigos", "Ver televisión" y "Hacer deberes" son actividades más frecuentes entre los jóvenes andaluces que practicar deporte. A medida que aumenta la edad, el tiempo dedicado al deporte durante el tiempo libre se ve desplazado por una mayor dedicación a hacer deberes y, en alguna medida, a trabajar. Disminuye también de forma significativa el tiempo dedicado a estar con los amigos.

1.2.3. El deporte en primaria

El ODA realizó para ello una operación estadística en 2001, consistente en dos encuestas. Una dirigida a los escolares, para estimar los principales indicadores relativos a los hábitos deportivos de los escolares andaluces, y otra dirigida a los responsables de las actividades deportivas de los centros, que recoge entre otras cuestiones, opiniones sobre el deporte en los centros escolares de Andalucía.

En cuanto a la práctica de deporte en la escuela fuera de las horas de clase, más del 63% de los alumnos practica actividades físico-deportivas, fundamentalmente por el gusto por las mismas, y entre los que no lo hacen encontramos como causa fundamental la imposibilidad de practicarlo fuera del horario escolar en su centro. El porcentaje de practicantes se eleva al 88% cuando la práctica de actividad deportiva se lleva a cabo fuera del centro escolar.

En Primaria las personas responsables de las actividades deportivas extraescolares no tituladas son el 13,75%. Por lo general los técnicos deportivos conducen el deporte de la misma manera que ellos fueron iniciados en la enseñanza del deporte. Éstos son una pieza clave en el engranaje de un buen enfoque del deporte en edad escolar tanto en las sesiones teóricas, en las sesiones de entrenamiento o preparación y sobre todo, en la competición. La formación de los entrenadores y monitores, a la que aquí se refiere, no es la técnico táctica y de conocimiento del reglamento sino a la formación sobre pautas conductuales de actuación e intervención durante los entrenamientos y las competiciones.

1.2.4. El deporte en el instituto

Casi el 70% de los alumnos de ESO practica actividades físico-deportivas y la mitad de los de Bachillerato y Formación Profesional fuera de las horas de clase. Entre las causas fundamentales para no practicar deporte se encuentran la imposibilidad de practicarlo fuera del horario escolar en su centro así como la falta de tiempo.

En Secundaria los responsables de las actividades deportivas son el Jefe de Departamento en el 58,57%, seguido del profesor (licenciado en Educación Física) en un 38,57% y el vicedirector o coordinador de actividades extraescolares con el 21,43%. En esta etapa el papel de las AMPAs es menor con un 5,71%, especialmente por las edades de los deportistas.

La formación de los técnicos deportivos tiene las mismas características antes mencionadas entre los técnicos del deporte en la escuela, con la peculiaridad de que en estas etapas los técnicos deportivos suelen ser alguno de los jugadores que simultanea ambas funciones de jugador-entrenador o, si ello no es posible, es un jugador que por estar lesionado se encarga de llevar o dirigir el equipo durante la competición.

1.2.5. La medicina del deporte

Es necesario que la actividad física en los niños esté orientada desde programas que garanticen dos aspectos fundamentales:

I. La adherencia de los niños a los programas para garantizar su continuidad ya que los efectos saludables del ejercicio físico están en relación directa a su regularidad.

II. La vigilancia médica para que la actividad se realice en condiciones de mínimo riesgo y máxima promoción de la salud.

Por todo ello, la Federación Internacional de Medicina del Deporte, recogiendo posiciones de organismos internacionales como el American College of Sports Medicine, el Consejo de Europa y la Academia Americana de Pediatría, hizo pública en 1991 su posición (suscrita por la Federación Española de Medicina del Deporte) basada en la necesidad de realizar un reconocimiento médico previo a todo niño que vaya a participar en un programa deportivo; el mantenimiento de una supervisión médica continua en todo programa deportivo con participación de niños; la asunción por parte del entrenador de un papel pedagógico; la diversificación de actividades a realizar rehuyendo de la especialización prematura; la adecuación de las reglas y duración de las competiciones a la edad de los participantes.

La Ley del Deporte de Andalucía confiere al Centro Andaluz de Medicina del Deporte de la Consejería de Turismo y Deporte la potestad de controlar y programar los requisitos de salud para la práctica del ejercicio y el deporte. Si bien dicha programación puede ser satisfecha desde este organismo, el control y prescripción directo del ejercicio, especialmente para la población con mayor riesgo, no cuenta con ninguna institución pública que los pueda desarrollar en toda su extensión. La prescripción del ejercicio en poblaciones de riesgo debe realizarse por equipos multidisciplinarios, cuyo eje principal sea la Medicina del Deporte. Desgraciadamente, aun existiendo en la actualidad dos Escuelas de Medicina del Deporte en Andalucía, el número de especialistas sigue siendo bajo, a lo que se suma la falta de formación en esta área en las propias Facultades de Medicina andaluzas e incluso en Atención Primaria de Salud. De igual modo, existe una insuficiente formación de otros especialistas en medicina que deben trabajar con el ejercicio como herramienta terapéutica para sus pacientes.

El artículo 36 de la Ley 6/1998 del Deporte está dedicado a la protección sanitaria del deportista. En él se establece el marco de actuación de la

Administración de la Junta de Andalucía, que abarca los conceptos de aptitud para la práctica deportiva, la prevención de accidentes y riesgos para la salud, las certificaciones médicas exigibles, medidas antidopaje, instalaciones deportivas y la cobertura sanitaria en las competiciones. Por otra parte, el Decreto 224/1999 de 9 de Noviembre, por el que se crea el Centro Andaluz de Medicina del Deporte de la Consejería de Turismo y Deporte, establece en su artículo 3 las funciones correspondientes a lo citado con anterioridad.

Otro dato de interés es la existencia dentro de los Equipos de Orientación Educativa de profesionales médicos, personal laboral fijo de la Consejería de Educación que tiene contempladas entre sus funciones reguladas en el último convenio colectivo vigente, la de realizar programas de salud escolar en los Centros de Enseñanza no Universitaria. En la actualidad son un total de 126 médicos que realizan funciones de planificación sanitaria, y que con la adecuada formación, pudieran integrarse en programas de ejercicio y salud escolar.

Entre las ramas de Ciencias de la Salud sólo se contempla la formación relacionada con la Medicina del Deporte en Podología, Fisioterapia y Psicología, aunque con desigual número de horas lectivas y prácticas. Algo similar ocurre en otros agentes deportivos extrasanitarios como son los Licenciados en Ciencias de la Actividad Física y el Deporte, los Profesores de Educación Física y los Técnicos Deportivos.

1.2.6. Las instalaciones deportivas

Los equipamientos e instalaciones forman el conjunto de materiales y zonas recreativas para el desarrollo de las acciones encaminadas a las prácticas físico-deportivas. En Andalucía, el Decreto 284/2000 de 6 de junio de 2000, creó el Inventario Andaluz de Instalaciones Deportivas. Este inventario recoge todas las instalaciones deportivas, públicas y privadas existentes en Andalucía, tiene un carácter permanente y su actualización y revisión serán continuas.

Los aspectos que cubren los indicadores de oferta de infraestructuras deportivas son principalmente los siguientes:

— Equipamientos según tipo de deporte.
— Antigüedad y grado de conservación.
— Tipo de gestión y titularidad de la propiedad (pública, privada o mixta).

La desagregación según el tipo de espacio deportivo se ha realizado en primer lugar atendiendo a la clasificación utilizada en el proyecto del Plan Director de Instalaciones Deportivas de Andalucía, que distingue entre tres categorías de redes, como se detalla en el apartado que sigue donde se calculan los indicadores de oferta correspondientes a cada tipo de red. Este tipo de análisis se lleva a cabo tanto por provincias como por municipios con datos referidos a 1997.

Para analizar el conjunto de instalaciones deportivas del territorio andaluz se va a distinguir entre los distintos niveles de servicio que conforman el sistema de equipamientos deportivos; siguiendo los criterios del Plan Director estos niveles pueden agruparse en tres grandes bloques:

I. Red básica
II. Red complementaria
III. Red especial

La red básica se define como aquella que da servicio a:

- ✓ El deporte escolar (con carácter obligatorio);
- ✓ La práctica deportiva generalizada (jóvenes, ancianos, personas discapacitadas y cualquier segmento de población que desee practicar deporte);
- ✓ La práctica deportiva relativa a la competición de carácter local.

1.3. PLAN ESTRATÉGICO GENERAL DEL DEPORTE DE ANDALUCÍA PARA LOS AÑOS 2008-2016

El decreto 390/2008 de 17 de junio, acuerda el Plan Estratégico General del Deporte de Andalucía para el período 2008-2016, como una iniciativa de la Junta de Andalucía para reflexionar, primero, sobre la situación del deporte en nuestra Comunidad, y proponer después, aquellos propósitos, objetivos, líneas estratégicas y medidas y proyectos en los que trabajar conjuntamente con el resto de los agentes de nuestro dinámico sistema deportivo.

Una de las fases iniciales del Plan Estratégico ha consistido en la realización de una encuesta para conocer, en la medida de lo posible, las percepciones, demandas y tendencias de los andaluces en relación a la práctica de la actividad física y el deporte. La encuesta se realizó en enero de 2008, a una muestra de 3205 personas de Andalucía, mayores de 14 años, mediante entrevista telefónica asistida por ordenador.

Las conclusiones más significativas de la encuesta quedan reflejadas en los siguientes puntos:

1. Se reconoce la importancia del deporte en la educación, aunque comparativamente existan materias que tengan una mayor importancia, y se exige un alto compromiso de la administración en su promoción.

2. La elección de la actividad física está altamente condicionada por el sexo y por la edad, siendo el tiempo y la gestión de las obligaciones cotidianas el principal condicionante de la falta de práctica (familia y trabajo).

3. Es necesario combatir las desigualdades de género con medidas favorecedoras para colectivos que como el femenino se siguen resistiendo a la práctica.

4. El grado de satisfacción con la calidad y el servicio en las instalaciones deportivas es muy alto, si bien se detecta una ligera insuficiencia cuantitativa en los grandes núcleos urbanos: la disponibilidad de plazas, y sobre todo la gestión del proceso de reservas, donde se considera que existe una alta capacidad de actuación, son los grandes caballos de batalla y representan la peor cara de las instalaciones públicas.

5. La competición es un espacio claramente masculino y joven, existiendo un puente excesivo en el nivel de participación existente en función del sexo.

En lo referente al deporte en edad escolar, se consideran puntos débiles del deporte andaluz en el momento actual, la separación entre el ámbito docente (educación física curricular) y el deporte en edad escolar, dentro y fuera del centro, problema que se extiende al conjunto del país.

Se considera dentro del deporte en edad escolar como oportunidades del deporte andaluz en un futuro próximo, las posibilidades que tiene con las perspectivas abiertas en torno al decreto de deporte escolar, el programa Deporte en la Escuela, la coordinación transversal con Educación, etc.

Se consideran debilidades las siguientes:

- Existe falta de coordinación entre el desarrollo del plan deporte en la escuela y los propios centros escolares.
- No existe homogeneidad entre el salario percibido entre los monitores que trabajan en edad escolar y el esfuerzo que realizan.

Sin embargo, como oportunidades destacan:

- La formación de los técnicos que trabajan en deporte escolar a través de los Centros de Profesores.
- Formación de los técnicos que trabajan en las actividades físico - deportivas a través del Instituto Andaluz del Deporte.
- Mayor implicación de los centros escolares en el programa "El Deporte en la Escuela".
- Control económico y técnico de los monitores que trabajan en "El Deporte en la Escuela".
- Coordinación entre el deporte en la escuela y los municipios.
- Controlar, regular y potenciar las titulaciones de los profesionales que se dedican al deporte escolar y universitario.

Dentro de los valores y principios que deben regir el Deporte Andaluz los próximos 8 años, extraemos como referente al deporte en la escuela, la prioridad a la educación, la salud y la cohesión social a través de la práctica de la actividad física y el deporte.

Cuatro son los grandes objetivos generales que formula el Plan Estratégico del Deporte Andaluz para el primer cuatrienio del mismo, es decir, en el periodo 2008-2012, siendo el primero de ellos el que afecta al programa El Deporte en la Escuela. Éste hace referencia a "incrementar los niveles de práctica deportiva de los ciudadanos andaluces, especialmente la actividad asociada al deporte de ocio saludable".

En cuanto a las líneas estratégicas asociadas que el deporte andaluz va a utilizar para alcanzar este objetivo general, y en lo relativo al deporte en la escuela, se considera que se va a extender la implantación, con las modificaciones necesarias para mejorar la eficacia del mismo, el programa El Deporte en la Escuela. En lo relativo a las medidas a adoptar por la Junta de Andalucía en el desarrollo y aplicación de este objetivo, destacamos las siguientes:

1. Revisar el Programa EL DEPORTE EN LA ESCUELA con los siguientes criterios:
   - Establecer la obligatoriedad de coordinar el programa con el Programa Deportivo Municipal vigente (a través de la medida 3)
   - Incorporar la posibilidad de nuevas modalidades deportivas, adaptadas a las peculiaridades del municipio (tradición y territorio).
   - Incorporar a los ayuntamientos más representativos en la Comisiones Provinciales de Seguimiento del Programa Deporte en la Escuela.
   - Establecer mecanismos de seguimiento y control del desarrollo del Programa "Deporte en la Escuela" en el ámbito municipal.
   - Aumentar los niveles de formación y cualificación de los técnicos incluidos en el programa Deporte en la Escuela.
   - Integrar en el Consejo Escolar Municipal a un responsable del Programa "Deporte en la Escuela".

2. Elaborar, anualmente, informes detallados de evaluación del programa, a nivel provincial y a nivel andaluz, que permitan una actualización permanente del mismo.
3. Incorporar, una vez completada la red de centros públicos, a los centros concertados al programa Deporte en la Escuela.
4. Creación de los Juegos Locales Intercentros, como continuación y desarrollo del programa el Deporte en la Escuela.

Independientemente de sus dificultades y las disfunciones en su puesta en marcha, especialmente en relación con la falta de coordinación con las iniciativas locales complementarias, su continuidad y generalización a la totalidad de los centros educativos públicos inicialmente, y a los concertados posteriormente, es una de las líneas estratégicas a seguir con carácter prioritario, de cara a mejorar los niveles de práctica deportiva de los andaluces para el futuro. Se prevé como indicador propuesto inicialmente, lograr en 2012 que el 100% de los centros escolares Públicos estén incorporados al programa El Deporte en la Escuela.

Esta actuación debe de ir acompañada por una profunda revisión de los criterios de implantación del programa, en el que debe de participar, de manera importante, la entidad local, favoreciendo la coordinación y la sinergia entre los recursos que, desde las diversas entidades, se dedican a los mismos destinatarios en los mismos lugares. Así mismo, el citado programa de El Deporte en la Escuela debe de tener en cuenta, por un lado, la coordinación con el tronco curricular del programa educativo; pero por otro, debe de hacer partícipe de alguna forma a la red asociativa deportiva del entorno, puesto que es en esa red donde los escolares podrán seguir desarrollando una práctica deportiva ordenada y regular una vez que salgan del centro escolar.

Los otros tres grandes objetivos generales que formula el Plan son impulsar y desarrollar con eficacia el plan director de instalaciones deportivas de Andalucía (PDIDA), continuar con la progresión de Andalucía en el contexto nacional, tanto en resultados deportivos como en la organización de eventos y modernizar la gestión y organización del deporte andaluz.

Capítulo 2.
EL PROGRAMA "EL DEPORTE EN LA ESCUELA"

La Consejería de Educación, por la Orden de 21 de julio de 2006, (derogada por Orden de 9 de septiembre de 2008), puso en marcha el Programa "El Deporte en la Escuela" en el curso académico 2006/2007, siendo su ámbito de aplicación los centros docentes públicos que imparten enseñanzas de régimen general de Educación Primaria y Educación Secundaria Obligatoria.

Los objetivos del programa son:

1. Desarrollar la práctica del deporte como recreación, divertimento y complemento fundamental de la formación integral de todos los alumnos y alumnas en edad de escolarización obligatoria.
2. Fomentar la convivencia entre los sectores de la Comunidad Escolar a través de la participación en las actividades deportivas del centro.
3. Fomentar entre el alumnado la adquisición de hábitos permanentes de actividad física y deportiva, como elemento para su desarrollo personal y social.
4. Realizar actividades físico-deportivas de manera voluntaria, primando de manera especial los aspectos de promoción, formativos, recreativos y cubrir parte del tiempo de ocio de manera activa, lúdica y divertida.
5. Ofrecer a los escolares programas de actividades físicas y deportivas (participativas o competitivas) adecuadas a su edad y necesidades, y en consonancia con el desarrollo del currículo de la Educación Física en la Educación Primaria y la Educación Secundaria Obligatoria.
6. Atender la integración del alumnado con necesidades educativas especiales, en la programación y desarrollo de las actividades deportivas del centro.
7. Ser un elemento coadyuvante para la integración de colectivos desfavorecidos, tales como inmigrantes, deprimidos socioeconómicos, personas con discapacidad, etc.

8. Hacer de la práctica deportiva un instrumento para la adquisición de valores tales como la solidaridad, la colaboración, el diálogo, la tolerancia, la no discriminación, la igualdad entre sexos, la deportividad y el juego limpio.
9. Implicar en las actividades del centro a la comunidad de su entorno.
10. Favorecer la utilización de las instalaciones deportivas escolares en horario no lectivo por el alumnado.

Los centros incluidos en el programa deben incluir como modalidades deportivas, cuatro deportes colectivos - fútbol sala, baloncesto, balonmano y voleibol - y dos individuales - atletismo y ajedrez -, y se establecen, con carácter general, categorías masculina, femeninas y mixtas, abarcando desde prebenjamines (7 y 8 años) hasta cadetes (15 y 16 años). Todos los alumnos deberán participar en un deporte individual y otro colectivo.

El ámbito de actuación será el propio centro educativo y externo al centro, con la participación en competiciones externas, pudiéndose completar con los Encuentros Deportivos Escolares de Andalucía (EDEA) y los Encuentros Deportivos de Residencias Escolares de Andalucía (EDREA), de periodicidad anual. En la fase externa, los equipos y deportistas que participen habrán de ser seleccionados de entre los alumnos y alumnas del programa, y se fomentará la participación en encuentros intercentros de carácter local, comarcal y provincial.

El Decreto 6/2008, de 15 de enero, por el que se regula el deporte en edad escolar en Andalucía, establece en su artículo 3 los principios rectores que rigen el deporte en edad escolar, entre los que destacamos, la promoción del deporte en edad escolar, facilitar el acceso a la práctica deportiva de toda la población en edad escolar, la formación integral del deportista y el desarrollo armónico y equilibrado de su personalidad a través de la adquisición de valores inherentes a la práctica deportiva, que sea un instrumento útil para su desarrollo físico y psíquico, la mejora de la salud y bienestar y la integración social, la promoción y adecuación de espacios e instalaciones deportivas y la igualdad de oportunidades entre mujeres y hombres en el acceso a la actividad deportiva en edad escolar.

2.1. EL COORDINADOR DEL PROGRAMA

Los proyectos serán elaborados por el equipo directivo del centro, pudiéndose contar con la colaboración de la persona encargada de la coordinación del mismo, designada por la dirección del centro, preferentemente el docente que imparte el área de la Educación Física, que percibirá una gratificación por servicios extraordinarios, y tendrá las siguientes funciones:

a) La organización y desarrollo de la competición interna del centro, así como la participación en la competición externa en sus distintos niveles.
b) La coordinación y control de los equipos y deportistas, así como de los monitores de los equipos.
c) La formalización y la inscripción de los equipos y deportistas individuales en las correspondientes competiciones, asegurando la continuidad externa de la actividad deportiva.
d) Dirigir y coordinar a los equipos y deportistas en las jornadas de competición.
e) La dinamización de los aspectos referentes a la implicación de la Comunidad Educativa a través de la Comisión Deportiva Escolar, y al patrocinio de la actividad.
f) La supervisión del desarrollo de los entrenamientos y las competiciones.
g) La relación con las distintas instituciones organizadoras de las distintas competiciones.

Además de estas funciones, el Manual para las Buenas Prácticas Deportivas de la Dirección General de Participación e Equidad en Educación, establece aquelas funciones a las que deberá prestar mayor atención, entre las que destacamos, el llevar a cabo las medidas educativas adecuadas para garantizar que todos los participantes comprendan y se esfuercen en conseguir los objetivos que definen la filosofía del programa, haciendo hincapié en lo referente a la integración de las personas con discapacidad en el mismo, la no discriminación, la igualdad entre sexos, la deportividad y el juego limpio; hacer partícipe del programa al alumnado, padres y madres, profesorado y entorno social del centro; ser dinamizador del programa; controlar al alumnado que participa en el programa y conocer al voluntariado; facilitar la participación de los alumnos con discapacidad, favoreciendo su integración con el resto del alumnado.

2.2. EL MONITOR/TÉCNICO DEPORTIVO

Los monitores y monitoras serán siempre personas mayores de edad puestos a disposición del centro por Ayuntamientos, Diputaciones Provinciales, AMPAS, federaciones deportivas andaluzas, clubes, entidades, etc., o, en su caso, contratados a través de una empresa del sector por la dirección del centro docente, y tendrán las siguientes funciones:

a) Entrenar a los alumnos y alumnas y a los equipos que les sean asignados en los horarios que se determinen por el responsable del programa.
b) Dirigir a los equipos en las actividades programadas.
c) Acompañar a los alumnos y alumnas en sus desplazamientos y competiciones.
d) Cuidar el material que le sea facilitado.
e) Actuar según el protocolo en caso de accidente.
f) Educar en valores deportivos al alumnado.

Igualmente, tendrá otras responsabilidades, entre las que destacamos, según al Manual para las Buenas Prácticas Deportivas, el de motivar a los alumnos, entrenar al grupo al menos durante 2 horas semanales y formar los equipos que le sean asignados, dirigir los entrenamientos y los partidos, estar siempre presente en las actividades del alumnado, comprometerse a desarrollar horas de formación y tener a mano la ficha de sus alumnos.

El art. 7 del Decreto 6/2008, por el que se regula el deporte en edad escolar, establece que la práctica deportiva realizada por un deportista en edad escolar deberá desarrollarse bajo la dirección técnica de personal que esté en posesión de una de las siguientes titulaciones oficiales:

1) Licenciatura en Ciencias de la Actividad Física y el Deporte.
2) Maestro especialista en Educación Física.
3) Técnico Superior en Animación de Actividades Físicas y Deportivas.
4) Técnico en Conducción de Actividades Físico Deportivas en el Medio Natural.
5) Técnico Deportivo Superior en cada una de las modalidades y especialidades deportivas.
6) Técnico Deportivo en cada una de las modalidades y especialidades deportivas.

2.3. EL ALUMNADO

El Manual para las Buenas Prácticas Deportivas indica que el alumnado es el auténtico protagonista del programa, el que actúa practicando varias modalidades deportivas, el objeto-sujeto de la acción educativa y el beneficiario último de un proceso de autoformación y educación en valores a través del deporte. El deporte en la escuela se justifica por el hecho de que todos pueden participar, colaborar y ayudar a los que más lo necesiten.

El alumnado debe entender la práctica deportiva como una opción de vida sana, aprendiendo una serie de rutinas y técnicas que se deben instalar como hábitos duraderos y significativos en la formación integral de su personalidad presente y futura. Del deporte emanan valores como el esfuerzo, la solidaridad, la socialización, el compañerismo, el respeto. Deben aprender a ganar y perder sin magnificar victorias ni derrotas.

Tiene que aprender una serie de técnicas, reglas, habilidades y destrezas de varias modalidades deportivas distintas, interiorizando rutinas propias de un deportista, como el placer por la actividad física, el desarrollo de la capacidad del movimiento corporal y de manejo de objetos, la evolución, en definitiva, de las capacidades condicionales y coordinativas. Hacer amigos y compartir experiencias.

Como tareas del alumno, se establece que tendrá que inscribirse libremente en el programa o en las modalidades deportivas que más le guste, atraiga o considere que se ajuste a sus capacidades, cumplir con los horarios y acatar las reglas que se establezcan por la Comisión Deportiva, asistir con regularidad a los entrenamientos, encuentros y partidos en que está inscrito, aceptar y desarrollar la filosofía del programa, entendiendo que el deporte practicado es un medio para su formación integral, y no un fin para conseguir el éxito con la victoria, ni la derrota es un fracaso, y en el que la recompensa viene dada por la satisfacción de la entrega y el juego limpio, y a participar en las actividades con la vestimenta que el centro y la comisión deportiva escolar haya decidido para ello.

2.4. LOS PADRES Y MADRES

Según el mismo Manual, es en el seno familiar donde comienza y fragua la base educativa de la persona, siendo por tanto la conjunción con el resto de estamentos educativos, fundamentalmente, la escuela, elementos imprescindibles para alcanzar los objetivos propuestos. Por ello se recomienda a los padres y madres, entre otras, que motiven y animen a sus hijos, que recuerden que los hábitos permanentes se adquieren desde la niñez, que procure que su hijo no se especialice desde el principio sino que practique cuantas más modalidades mejor, que valoren el trabajo y el esfuerzo, no el resultado, que colaboren con el profesorado y el monitor deportivo, teniendo un comportamiento correcto, que fomenten a sus hijos hábitos de vida sana, en definitiva, que transmitan a sus hijos una serie de valores, tales como la tolerancia, el respeto a los demás, la creencia en el valor del diálogo y el consenso, la búsqueda colectiva de las mejores soluciones a los problemas y la ausencia de discriminaciones, aprovechando los valores intrínsecamente educativos del deporte.

Capítulo 3
EL DEPORTE ESCOLAR

3.1. CARACTERÍSTICAS DEL DEPORTE ESCOLAR

El deporte como espectáculo es el que mayores adeptos consigue por el hecho de que éste incluye a la totalidad de los practicantes y a aquellos que, indirectamente, disfrutan participando como meros espectadores. Posee un gran potencial socializado por lo que implica en la relación con los demás, tanto de manera activa (deportista, monitor/entrenador, componentes de un club, etc.), como inactiva (espectador, administraciones, etc.).

El deporte, por su naturaleza, resulta de gran interés para todo el alumnado. Los jóvenes abandonan la práctica deportiva en aquellas actividades o deportes que, aún siendo atrayentes, no encuentran la diversión o la relación con otros compañeros. Es extraño comprobar que aún haya niños que abandonen el deporte (juego), siendo éste una actividad que han mantenido desde el comienzo de sus vidas, por lo que una de nuestras obligaciones como profesionales del deporte es la de arbitrar los mecanismos necesarios para que este centro de interés se mantenga a lo largo de la vida.

Cruz (1997), opina que los niños prefieren la práctica deportiva a cualquier otra actividad en su tiempo libre. Y Monteagudo (1996), afirma que el deporte es la actividad de ocio más atractiva para los niños. Los niños practican deporte buscando el placer, la diversión, la relación con los compañeros, el pasarlo bien, y no buscan otros beneficios que conlleva el deporte. Sin embargo, aún nos encontramos con docentes que "castigan" a nuestros alumnos sin Educación Física si mantienen un comportamiento inadecuado en el resto de las asignaturas, lo que nos hace llegar a pensar que son los propios docentes quienes cuestionan el poder educativo que tienen estas actividades.

El deporte es beneficioso si se da en unas condiciones aceptables, por ejemplo en un entorno seguro. Hernández, Martínez y Águila (2008) establecen los beneficios de la práctica físico-deportiva en cada una de las áreas de desarrollo del ser humano:

a) Física: Mejora de la salud y prevención de enfermedades en distintos sistemas fisiológicos, mejora de habilidades motrices,...
b) Psicológica: Mejora de la autoestima y el autoconcepto, aumento de la sensación de competencia, mejora de las situaciones de estrés, trastornos del sueño, depresión,...
c) Social: Mejora de la relación con los demás, cooperación, sentimiento de equipo, reforzamiento de identidades colectivas,...

Por ello, es importante que los niños aprovechen al máximo las oportunidades de practicar actividades deportivas (Boiché y Sarrazin, 2007).

Como apuntan otros autores, las actividades físico-deportivas deben respetar las leyes del desarrollo físico y fisiológico del niño; su naturaleza dependerá, pues, de los períodos de ese desarrollo (Dechavanne, 1991).

Torres y Delgado (1998), citados por Guerrero (2008), establecen que las actividades físico-deportivas deben fomentar la autonomía progresiva de los alumnos y tener un carácter saludable, recreativo y funcional. Y en palabras de Castejón (2008), no se trata de que aprendan, sino de que lo que aprendan tenga una funcionalidad.

Según Fraile (2000), los principios básicos que definen la enseñanza deportiva deben contener los siguientes aspectos:

1. Sus metas y objetivos deben ser coincidentes y complementarios a la Educación Física escolar, atendiendo la disponibilidad motriz de sus participantes.
2. Las actividades físico-deportivas deben representar un medio de formación integral del escolar, cuidando especialmente el desarrollo de su autonomía personal.
3. Atender aquellas capacidades perceptivo-motrices que sirven como base de los aprendizajes deportivos.
4. Plantear un modelo multideporte que evite la especialización prematura.
5. La cooperación debe primar sobre la competición y la participación sobre el resultado.
6. procurar una participación activa y consensuada de todos los agentes sociales que intervienen en dicho proceso educativo.
7. El técnico debe actuar más como educador que como entrenador.

Para Contreras, de la Torre y Velázquez (2001), el término deporte escolar debe reservarse para el deporte que se lleva a cabo en los centros docentes, bajo la auspicios de la institución escolar, con la finalidad educativa y apoyada en una idea de deporte recreativo.

Las actividades físico-deportivas que plantea el deporte en la escuela deben asegurar la inclusión de todo el alumnado. La escuela deber ser inclusiva e intercultural. Y consideramos que la escuela inclusiva es un deber ético, normativo y profesional. Abogamos por un deporte escolar inclusivo, donde todos tengan cabida, y donde como afirma Blázquez (2005), integre y facilite la máxima participación incluyendo a todos y a todas, a los más dotados y a los menos dotados. Tal y como plantea Torralba, citado por Jiménez (2006), se debe pensar en una actividad deportiva inclusiva, en la que el profesor-monitor elabora sus programas pensando en que cualquier persona la pueda desarrollar como uno más. Todo ello implica considerar la diversidad individual y/o social del alumnado como un valor educativo y social, y a la escuela como un motor de cambio personal y social.

3.1.1. Deporte escolar y juego

El deporte escolar debe ser ante todo juego, o al menos así debería serlo. Contreras (2000) determina que los juegos (deportivos) son una importante manifestación práctica de la cultura y, junto a los contenidos intelectuales, deberían formar una parte necesaria de la materia a educar. López (2000) va más allá, e indica que el juego es una actividad instintiva en la que no importa la técnica, y el sentido lúdico es primordial, siempre genera placer. El juego facilita el desarrollo de los diferentes aspectos de la conducta del niño. El juego es el medio fundamental de utilización durante la iniciación deportiva, introduciendo, a través de sus diferentes formas, los diferentes elementos y comportamientos técnicos y tácticos.

Siguiendo a Devís y Peiró (1992), las actividades físico-deportivas deben tener una serie de características básicas respecto a los juegos modificados y que se tratan en los siguientes puntos:

- ✓ Se deben adaptar a las capacidades físico-biológicas e intelectuales de los alumnos participantes.
- ✓ Deben estar alejados de un planteamiento federativo de deporte específico; y aunque no definen o delimitan ninguna práctica deportiva concreta, sí ayudan a su posterior desarrollo, ya que recoge la esencia de todos los deportes que tradicionalmente conocemos.

- ✓ Seguirán el modelo de aprendizaje comprensivo, partiendo del aprendizaje táctico para continuar con los aprendizajes técnicos, después de entender la filosofía del juego, pasar a su desarrollo práctico, pero simplificando dicho camino con objeto de favorecer la mayor participación de todos.
- ✓ Se conectarán con cada realidad educativa, siendo misión del profesor contextualizar cada práctica, adecuándola a las características personales, espaciales y de recursos de cada centro escolar, sin ningún tipo de discriminación por razones biológicas o intelectuales.
- ✓ Se desarrollarán de forma abierta y flexible, al no estar regidos por normas externas y condicionantes federativos, favoreciendo la intervención activa de los alumnos en el diseño y revisión, con el apoyo educativo del profesor, modificando las normas inicialmente planteadas.
- ✓ Estimularán el espíritu crítico de sus participantes, analizando y reflexionando sobre las estrategias planteadas, rechazando lo no significativo para el participante según su nivel de conocimientos y aptitudes.
- ✓ Atenderán capacidades educativas como la coeducación, cooperación, reduciendo la competitividad, reforzando situaciones de interacción profesor-alumno, potenciando el desarrollo de capacidades intelectuales desde la práctica motriz.

3.2. DEPORTE VS EDUCACIÓN

Ya lo indicaba Diem (1996), citado por Zagalaz y Romero (2002), cuando dice que no hay educación sin deporte, no hay belleza sin deporte; sólo el hombre educado físicamente es verdaderamente educado, sólo él es en efecto hermoso, y lo hermoso es idéntico a lo bueno.

Torres (1999) afirma que, llevado a la práctica deportiva, las actividades en sí llevan una carga educativa que difícilmente pueden separarse del placer que la misma puede producir a quienes se entregan a ellas de manera voluntaria. O como sugieren Ruiz y Cabrera (2004), esta disciplina tiene, a través de sus contenidos y actividades, un enorme potencial para desarrollar al niño tanto física como personalmente y, de esta forma, para contribuir a la mejora de la persona.

Numerosos autores de reconocido prestigio han destacado que el deporte, per se, no es educativo; aunque coincidimos en el gran potencial educativo que puede generar si todos los sectores implicados trabajan conjuntamente, desde el propio monitor o técnico deportivo y los docentes especialistas en el área de la Educación Física, hasta la Administración Educativa. Y si todos ellos consideran el planteamiento de las actividades físico-deportivas y su puesta en práctica en función de unos objetivos educativos, y de esta manera pueda constituirse en un proceso realmente formativo.

El deporte educativo puede ser utilizado como un poderoso medio de desarrollo. Para ello, el educador deberá enfrentar al practicante, de forma individual o grupal, con situaciones-problema entroncadas en las actividades deportivas. El deporte educativo debe permitir la estructuración del esquema corporal hasta un nivel de organización que haga posible el aprendizaje cognitivo (Le Boulch 1991).

Encontramos asimismo autores que consideran que lo importante es el practicante, la persona que realiza el deporte. Así, para Le Boulch (1991), un deporte es educativo cuando permite el desarrollo de sus aptitudes motrices y psicomotrices, en relación a los aspectos afectivos, cognitivos y sociales de su personalidad, es decir, no sólo se trata de enseñar conocimientos técnicos, tácticos, etc., sino también debe conseguir la formación integral del niño, ocuparse también de la transmisión de valores y actitudes. Valores como la responsabilidad, la sinceridad, el diálogo, la confianza, la autoestima, la creatividad y el respeto (Álamo, 2001b).

Para Santos, citado por Romero (2006), será educativa la práctica deportiva, no meramente por el hecho de aprender movimientos técnicos y tácticos, y mejorar física y psíquicamente, sino fundamentalmente, por ayudar a que se soliciten y movilicen las capacidades del que lo practica, y de este modo, se estructure y defina su propio yo. Siendo necesario que valores este progreso y ello se logrará si se proporcionan experiencias con opciones, abiertas a decisiones y a reflexión.

Por tanto, alejándonos del objetivo tradicional del deporte escolar, lo realmente importante es la persona que lo practica, constituyéndose en un medio para la consecución de fines educativos y didácticos, y consiguientemente, no estaría basado en el denominado deporte competitivo, donde prima el rendimiento y la iniciación deportiva especializada. Para Blázquez (1995b), interesa menos el deporte y más el deportista. El niño es el protagonista del proceso educativo. No es el movimiento el que ocupa el lugar central, sino la persona que se mueve, que actúa, que realiza la actividad física.

Otros autores resaltan en el deporte educativo el papel del monitor o las condiciones en que se realizan las actividades físico-deportivas. Como podemos observar, para Seirul.lo (1995), la actividad deportiva del ser humano accederá a niveles educativos siempre que en su realización conlleve la necesidad y la responsabilidad de referencia hacia la persona que realiza esa actividad, no sobre el posible resultado, y debe basarse en la ciencia para configurar un tipo de práctica que comprometa íntegramente a la personalidad del deportista, que es un objetivo intemporal y prioritario. Para este autor, lo único educativo son las condiciones en que pueden realizarse esas prácticas deportivas que permitan al deportista comprometer y movilizar sus capacidades, de tal manera que esa experiencia organice y configure su propio yo, logrando su auto-estructuración. Por lo tanto, las condiciones en las que se practiquen las tareas del aprendizaje deportivo es lo educativo, mientras que la técnica o la táctica no son más que una consecuencia.

Este mismo autor expresa que el deporte que se hace en el medio escolar no es educativo, y que un deporte será más o menos educativo por como articula el entrenador las condiciones en las que el deportista aprende esa especialidad y en qué situaciones desarrolla su competición. Según este autor, el entrenador debe tener una formación pedagógica sólida que le permita proponer situaciones para la activación perceptiva del deportista.

En la misma línea Fraile (2004), resalta la importancia que tiene el entrenador en el deporte escolar, al confirmar que un deporte no será más educativo que otros por su variedad y complejidad de recursos técnicos y tácticos, sino por cómo el entrenador/educador de esa actividad organice las experiencias motrices, cognitivas y afectivas que la conforman, respetando sus principios educativos. Y finaliza aportando una serie de factores que van a conseguir que la actividad deportiva adquiera un componente educativo en la población escolar, como son la finalidad del deporte para los escolares, el grado de cualificación de sus técnicos/educadores, el tratamiento didáctico que se utilice, la importancia de oportunidades que se prestan en relación al género, y la visión de apoyo o rechazo del entorno familiar, que influye en los participantes.

Igualmente, el deporte educativo debe crear situaciones en las que se presten atención no sólo a los más capacitados, donde se valore tanto el intentar como el conseguir (Tinning, 1992).

Desde otra perspectiva, Burriel y Carranza (1995), expresan que para que el deporte sea educativo, debe cumplir los siguientes requisitos:

1. Carácter abierto: Que participen todos los alumnos.
2. Que tenga la finalidad no sólo la mejora de las habilidades motrices, sino también las otras intenciones educativas presentes en los objetivos generales.
3. Que no se fundamente en los resultados (ganar o perder), sino sobre las intenciones educativas que persigue.

En este estudio nos ocupamos del deporte escolar como deporte educativo y formativo, no sólo por el aprendizaje de los aspectos técnico-tácticos de las actividades físico-deportivas, sino como un medio para conseguir la formación integral del alumno en todas sus facetas, tanto en lo educativo como en la adquisición de valores y actitudes que pueden repercutir indudablemente en su vida posterior. Deporte y educación son dos elementos inseparable, dependen uno del otro, se encuentran unidos y sujetos a un compromiso. En palabras de Martínez (2008), el deporte puede convertirse en un importante instrumento educativo, a través del cual se favorezca el desarrollo integral de la persona y su conciencia crítica.

Desde otra perspectiva, Martos (2000) expone que un deporte integrado en la educación tiene que tener unas características distintas a las interpretadas por la mayoría de la población. Este mismo autor, citando a Rodríguez López, presenta estas características del deporte en la escuela:

- El deporte es parte integrante de la educación.
- Debe haber un equilibrio entre las actividades intelectuales y las físicas (formaciones).
- Los programas deben ser adecuados a las posibilidades de los alumnos.
- Para que se produzca una integración óptima del deporte, el material debe ser adecuado.
- El deporte posibilita, al ser una actividad libre, el desarrollo en el niño para tomar iniciativas.
- Debe existir un equilibrio entre iniciación deportiva y la elección del alumno.
- En la edad escolar es cuando se aprende la significación del juego limpio.
- Hay que intentar conseguir que cada alumno desarrolle al máximo sus posibilidades motrices.
- Los maestros de Educación Física tienen que estar técnicamente bien formados.

3.3. DEPORTE ESCOLAR E INICIACIÓN DEPORTIVA

Para Blázquez (1995b), el término iniciación deportiva da lugar a diversas interpretaciones, todas ellas válidas, pero analizadas desde distintas preocupaciones. Así, en primer lugar, vincula iniciación deportiva a un proceso de socialización cuyo objetivo es permitir a los miembros de una sociedad interactuar en situaciones de acción estructuradas desde el punto de vista normativo y simbólico. En segundo lugar, vincula iniciación deportiva a la necesidad de una situación de competición, en la que el niño ha llegado a una madurez cognitiva y a un compromiso físico. Y por último, se refiere a la acción didáctica, resaltando la intención educativa, en la que dicho proceso, no debe entenderse como el momento en que se empieza la práctica deportiva, sino como una acción pedagógica, que teniendo en cuenta las características del niño o sujeto que se inicia, y los fines a conseguir, va evolucionando progresivamente hasta llegar al dominio de cada especialidad deportiva.

Una buena iniciación deportiva se caracteriza por permitir la máxima inclusión y participación. Admite que los que tienen talento deportivo pueden progresar en una especialidad, pero que en cualquier caso, todos adquieren hábitos y afición al deporte y estén ilusionados por su práctica.

El término iniciación deportiva es entendido y analizado desde distintas perspectivas, según la preocupación del profesional que lo aborde:

1. El profesor de E.F.: Más preocupado por la formación de sus alumnos que por el rendimiento que obtengamos, y guiado por principios psicopedagógicos, para situarle en las mejores condiciones para cualquier aprendizaje, que por el aprendizaje hacia la competición. En este sentido, el deporte se entiende como un soporte para alcanzar los objetivos educativos.
2. El entrenador o técnico deportivo. Más interesado en la consecución de un resultado positivo, donde el entrenamiento ocupa un lugar primordial, orientada la iniciación deportiva al éxito; por consiguiente, su preocupación está encaminada hacia la especialización.

Por ello, entiende tres tipos de deporte:

1. Deporte recreativo: Aquél que es practicado por placer y diversión, sin intención de competir o superar a un adversario, únicamente por disfrute o gozo. Camerino (2008), entiende este deporte como

una de las expresiones en las que se puede manifestar mejor la capacidad lúdica mediante el desarrollo de gran variedad de actividades físicas dentro y fuera de la escuela.
2. Deporte competitivo: Aquel que es practicado con la intención de vencer a un adversario o superarse a sí mismo.
3. Deporte educativo: Aquél cuya pretensión fundamental es colaborar al desarrollo armónico y de potenciar los valores del individuo.

El deporte escolar no debe presentarse, tal y como lo concebimos, como un deporte competitivo o de alto rendimiento, sino como un deporte recreativo, lúdico y formativo, y no reproducir el modelo que resalta en el adulto, centrado en el deporte de especialización. El deporte escolar debe centrarse en el alumno como parte principal y único protagonista, y compartir los principios que sustenta este programa, partiendo siempre de los intereses y necesidades de los escolares. Para Torres (2008), el deporte en la educación deportiva reproduce el deporte del adulto, más concretamente el deporte profesional, donde el niño tiende a imitar el comportamiento del adulto.

Nosotros abogamos por un deporte escolar recreativo, educativo, que integra características del deporte recreativo, especialmente su capacidad de disfrute y diversión, con el deporte educativo, cuya finalidad es lograr el desarrollo armónico y potenciar una educación en valores. Sin olvidar la competición, pero viéndola como un medio y no como un fin.

Contreras et al (2001) establecen que la iniciación deportiva debe orientarse a la recreación, y por consiguiente, hacia una cultura de la práctica deportiva concebida como una actividad saludable y recreativa, basada sobre todo en el placer del propio movimiento, en la satisfacción del esfuerzo personal y colectivo, y en la alegría compartida del juego, un juego en el cual, la competición, cuando existe, constituye un medio, y los resultados una parte del aliciente del propio juego.

Según estos mismos autores, es necesario dotar a la práctica deportiva de todos aquellos recursos organizativos, pedagógicos y materiales que favorezcan la existencia de situaciones en las que los alumnos puedan analizar o reflexionar críticamente sobre la finalidad y el sentido que tienen las actividades físico-deportivas; que atiendan a la diversidad de intereses y de capacidades del alumnado; que orienten el planteamiento de las actividades de forma abierta e integradora; que tiendan a realzar los aspectos recreativos y saludables de la práctica por encima de los meramente competitivos y eficientistas; y que promuevan las relaciones entre los alumnos y las alumnas en un ambiente solidario, cooperativo y tolerante.

A modo de síntesis, consideran que la conceptualización, planteamiento y puesta en práctica de la iniciación deportiva, no sólo como contenido del área de la Educación Física, sino también bajo la forma de actividad extraescolar, debe realizarse en función de unos objetivos educativos.

3.4. DEPORTE ESCOLAR Y COMPETICIÓN

Castejón (2008) destaca que el deporte escolar tiene una clara tendencia hacia la competición, y que no se trata de buscar la victoria, sino una participación orientada a conseguir mejoras personales y colectivas. El niño tiene el deseo natural de ganar, pero nunca lo utilizaremos como una estrategia metodológica. Para Trepat de Francisco (1995), la competición puede ser perjudicial si nos dejamos dominar por el interés de ganar.

Si le damos más importancia a la especialización, al resultado de la competición que al rendimiento que obtengamos de nuestros alumnos, este programa escolar estará más alejado del concepto de deporte educativo; por consiguiente, es fundamental que el monitor deportivo incorpore a sus objetivos de enseñanza los valores educativos que, indiscutiblemente, posee el deporte.

La competición posee valores educativos. El niño participa en la práctica deportiva con la ilusión de participar en la competición. En la competición también radica el deseo de mejorar, por lo que resulta motivante. Debemos considerarla como un medio y no como un fin. Como afirma Wein (2008), debe considerarse como un medio más para seguir progresando en la adquisición de capacidades y no como un fin en sí mismo. Sin embargo, dice que un deporte que no tiene carga competitiva no debería ser considerado como una verdadera actividad deportiva, sin embargo, creemos que debemos asociarla a los efectos positivos del deporte, a aprender a centrar los esfuerzos y a conseguir objetivos, a cooperar y a respetar a los demás, en definitiva, a ganar y a perder con dignidad. Tal y como afirma Tinning (1992), se entiende que el deporte y la competición pueden desarrollar valores positivos y negativos, dependiendo de la orientación educacional que se esté intentando llevar a cabo.

La competición en sí no es negativa, sino su mala interpretación y la aplicación de la enseñanza. Autores como Hernández (1989), apuntan que competir es una conducta humana que, por sí misma, no puede ser considera como buena o mala, es el uso y orientación de la misma, la que le puede dar uno u otro carácter. En la misma línea se encuentra Águila (2008), cuando se pregunta si puede haber rivalidad entre niños de estas edades, sino es sólo por la intervención de padres, la actitud del entrenador/monitor, etc.

Según Wein (2008), los niños hasta los 11 años no tienen todavía suficientes elementos de juicio para valorar propiamente su habilidad y capacidad, necesita los comentarios de quienes los rodean en la práctica deportiva, especialmente de sus padres. Derrotar al equipo contrario no les motiva, es más importante la aprobación social que la victoria. A partir de los 12 años, son capaces de diferenciar las causas que han provocado un resultado y si están en condiciones de valorar su capacidad. Y para que el resultado no se convierta en un indicador de la valía de los jugadores, es necesario que el entrenador o monitor le quite importancia al resultado como criterio de éxito.

Fraile (2000), indica que los educadores deportivos deben modificar los planteamientos de una práctica deportiva competitiva, ofreciendo como alternativa basada en:

- ✓ Desarrollar una serie de capacidades motrices básicas que no tengan su base exclusiva en el deporte, sino también en los ámbitos expresivos y recreativos.
- ✓ Dar continuidad a los programas de Educación Física escolar, para ello, el profesor de Educación Física, en nuestro caso, el coordinador del programa en cada centro educativo debe realizar un seguimiento de dicha actividad extraescolar.
- ✓ Fomentar una práctica física para todos, evitando la discriminación de los menos capacitados.
- ✓ Retrasar en lo más posible la especialización deportiva, posibilitando una mayor disponibilidad hacia la actividad deportiva en general, teniendo en cuenta que al deporte de alto rendimiento sólo tienen acceso una minoría, a la cual se deberá atender en centros especiales, con personal específico y con las correspondientes ayudas.

3.5. DEPORTE ESCOLAR Y DEPORTE EN EDAD ESCOLAR

Ureña (2000), define deporte escolar como el conjunto de prácticas físico-deportivas que realizan los escolares, de forma voluntaria e independientemente de las clases de Educación Física, durante el período que comprende la educación obligatoria y postobligatoria. Una definición con la que no podemos estar de acuerdo ya que desvincula el deporte escolar con el área de la Educación Física, y consideramos que, aunque no persiguen los mismos objetivos, deben estar en consonancia, sus objetivos deben complementarse, y más teniendo en cuenta que el responsable del programa en el centro escolar es, en la mayoría de los centros, el docente encargado del área de la Educación Física. Y consiguientemente debe considerarlo como algo cercano a la tarea educativa.

La Ley 14/1998, de 11 de junio, del Deporte del País Vasco, en su Título V, cap. I, establece que el deporte escolar es aquella actividad deportiva organizada que es practicada por escolares en horario no lectivo durante el período de escolarización obligatorio.

la Ley2/2000 del Deporte, la Comunidad Autónoma de la Región de Murcia, en su título II, Educación, Salud y Deporte, considera el deporte escolar como aquella actividad deportiva organizada que es practicada por escolares en horario no lectivo, y su práctica será preferentemente polideportiva y no orientada exclusivamente a la competición, para que todos los escolares conozcan diferentes modalidades deportivas de acuerdo a su aptitud física y a su edad, y comprenderá los niveles de primaria a bachiller.

El Decreto 51/2005, de 30 de junio, de conformidad con la Ley 2/2003, de 28 de marzo, del Deporte de Castilla y León, sobre la actividad deportiva, considera como deporte en edad escolar aquella actividad deportiva organizada que es practicada voluntariamente por escolares en horario no lectivo.

Otra definición, es la que apunta Gómez y García (1993), que consideran que es toda actividad físico-deportiva realizada por niños/niñas y jóvenes en edad escolar, dentro y fuera del centro escolar, incluso la desarrollada en el ámbito de los clubes o de otras entidades públicas o privadas, considerando, por tanto, deporte escolar como sinónimo de deporte en edad escolar.

Romero Granados (2006), citado por González et al (2009), distingue entre el deporte escolar y el deporte en edad escolar. Siendo el primero el que vincula todo el trabajo del niño y el deporte dentro del Centro y de la estricta jornada escolar, incorporándose en la clase de Educación Física. Mientras el segundo tipo, responde al conjunto de las actividades físico-deportivas que se desarrollen en horario no lectivo, dirigidas a la población en edad escolar, y de participación voluntaria.

Pero cuando nos referimos a deporte en edad escolar, consideramos que éste lleva consigo un significado más amplio, tanto en el tiempo como en el espacio, es decir, hace mención al deporte que se realiza dentro y fuera del centro educativo e independientemente del objetivo, oculto o no, que se quiera conseguir con su práctica. Por consiguiente, no podemos considerar el deporte en edad escolar como sinónimo de deporte escolar, principalmente, porque somos conscientes de que el concepto de deporte escolar no puede desvincularse del aspecto educativo, tanto si se realiza en horario lectivo o no.

Tal y como afirma Moreno (1998), nos referimos a deporte escolar al que se desarrolla en el centro escolar y con una estrecha relación con el profesorado del centro educativo; mientras que el concepto de deporte en edad escolar es mucho más amplio y recoge todas las actividades físico-deportivas realizadas por el alumno dentro de un período temporal más o menos concreto. Nos acercamos más a la definición de Álamo (2001b), para el que el deporte escolar es la actividad física y deportiva realizada por escolares en horario lectivo o no lectivo, dirigida por personas con cualificación pedagógica con una función educativa, preventiva y socializadora.

En la misma línea, sería preciso hablar del concepto de deporte extraescolar, que consideramos más cercano al término deporte escolar, en el sentido de que, aún realizándose en horario no lectivo, sí debe perseguir los mismos objetivos, en este caso, formativos y educativos.

Por consiguiente, nos atrevemos a ofrecer una definición de lo que consideramos deporte escolar tal y como lo vemos en nuestra investigación: "Todas aquellas actividades físico-deportivas ofertadas por la Administración Educativa a los escolares en horario no lectivo, en consonancia con el área de la Educación Física, de participación voluntaria y dependiente del centro educativo, con una finalidad educativa y formativa, en la búsqueda de hábitos higiénicos y saludables, así como en la adquisición de actitudes y valores para una mejor calidad de vida, tanto en su desarrollo como en su vida posterior".

3.6. DEPORTE ESCOLAR Y DEPORTES OFERTADOS

Para Blázquez (1995b), en un principio, es conveniente que los niños tomen contacto con diferentes tipos de deporte y de diferente tipo, y posteriormente, orientarse hacia aquel deporte con más sintonía con las posibilidades físicas que tiene el niño.

Este mismo autor (1995a), considera que existen varios componentes que pueden y deben tenerse presente a la hora de elegir un deporte:

1. Características psicológicas: Sobre todo la motivación del practicante.
2. Características físicas: Sobre todo las aptitudes físicas del practicante.
3. Características morfológicas: Biotipo (talla, peso, etc.).
4. Características del entorno: Familia, capacidad socioeconómica, etc.

Siguiendo al mismo autor, (1986), éste determina que el niño debe realizar al principio el entrenamiento en varios deportes, para que pueda percibir, conocer, y, por último, elegir la realización específica de uno concreto, con el bagaje motriz necesario para una práctica en la que desarrollará las habilidades del que haya optado por ejecutar. En esa iniciación deportiva los aspectos a tener en cuenta serían la maduración y el aprendizaje, la especialización o la polivalencia, la coeducación y la interculturalidad.

Hay alumnos que no pueden beneficiarse del deporte escolar actual, simplemente, porque el deporte que practica o aquél que le llama la atención no se encuentra dentro de la oferta deportiva. Esto ocurre en muchas localidades de la provincia, y algunos centros ofertan otros deportes no previstos en el programa porque el número de alumnos que lo solicitan es elevado o por la propia idiosincrasia deportiva de la localidad, pero en ocasiones, esto no es así, porque son pocos los escolares que pueden acceder a este deporte porque sea minoritario. Hay que incentivar desde los organismos la variedad deportiva, en vez de disminuir a un número reducido de deportes practicado (Castejón, 2008).

Y debemos tener en cuenta que muchos deportes tienen más tradición en ciertas zonas geográficas, de tal forma, que en ocasiones, se han convertido en una apropiación patrimonial. Es evidente que el alumno debe tener una amplia gama de actividades físico-deportivas para que pueda escoger entre ellas las que más se aproximen o coincidan con sus propios intereses y capacidades (Martos, 2000). La oferta deportiva debe estar dirigida a la inclusión, es decir, que permita el acceso y adecuación a las diferentes características individuales de los alumnos.

Hay autores como Fraile (2000), que indica que es necesario para una propuesta de deporte recreativo, ampliar la oferta de actividades en diferentes medios: natural, acuático, deportes de aventura, etc., destacando la importancia que están adquiriendo la nuevas prácticas deportivas cuya puesta en marcha exigen igualmente un tipo de profesionales cualificados, así como un asesoramiento de los responsables de la Educación Física de esos centros, coordinando dicha labor con sus programas escolares.

Siguiendo la misma línea, Blázquez (1995a) afirma que se debe fomentar la participación en diferentes deportes para lograr una amplia base antes de empezar la especialización. Es evidente que se consiguen mejores resultados con una preparación multideportiva, debido a que el alumno domina una mayor cantidad de movimientos, tiene un mayor dominio de sus conductas motrices y, en consecuencia, está en condición de asimilar las técnicas y los métodos de enseñanza más complejos, partiendo del principio de que los aprendizajes nuevos nacen sobre la base de otros ya adquiridos (Bottai, 2007).

3.7. DEPORTE ESCOLAR Y AGENTES IMPLICADOS

Para que exista una transmisión real de valores educativos a través de la práctica educativa, el primer paso, según Carranza (2008), ha de ser el de la corresponsabilidad entre todos los agentes implicados.

El alumno es el principal protagonista del proceso, jugando un papel fundamental en la construcción del conocimiento, pero la responsabilidad educativa no se debe sólo a la actuación del monitor o técnico deportivo, sino que requiere también la participación del resto de los sectores implicados, por lo que consideramos desde un puno de vista holístico, donde la coordinación e implicación de todos estos agentes se hace necesaria para el desarrollo y buen funcionamiento de este programa. Al considerarla una actividad educativa que está incluida en el Proyecto de Centro, debe existir una implicación de todos los agentes sociales intervinientes en su funcionamiento. Según Castejón (2008), en el deporte escolar se deben involucrar todos los agentes sociales (padres, profesores, escuela, ayuntamientos, etc.), puesto que es una práctica educativa y la educación es un valor para todos estos agentes sociales.

Gráfico 1

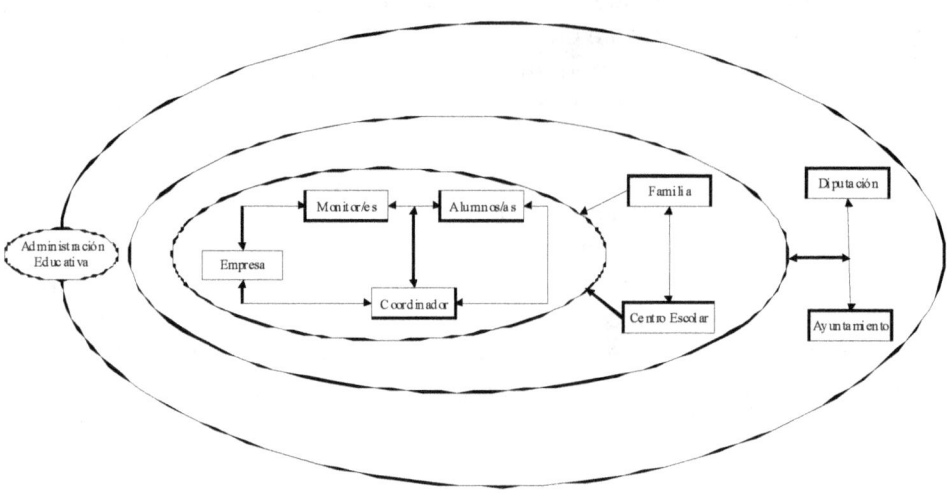

Fuente: Elaboración propia

Capítulo 4
EL MONITOR/TÉCNICO DEPORTIVO

4.1. FORMACIÓN DEL MONITOR/TÉCNICO DEPORTIVO

El monitor es una pieza fundamental de este programa educativo. Tal y como expone Gutiérrez (1995), no sólo va a trasmitir a los niños unos conocimientos que constituyan la base para que puedan desenvolverse en la sociedad, sino que éstos mismos les sirvan para mejorarla.

Desde otra perspectiva, Mandado y Díaz (2004), exponen que el entrenador ejerce una enorme influencia psicológica en sus deportistas jóvenes y debe aprovecharla para promover procesos de funcionamiento mental que contribuyan favorablemente a su formación deportiva y humana.

Fraile (1997) indica que el actual modelo deportivo escolar debe considerar imprescindible una formación pedagógica polivalente de los profesionales de las actividades deportivas escolares que supere la tradición clásica de las federaciones. Este mismo autor (2000), apunta que los técnicos del deporte escolar poseen un escaso nivel de formación, especialmente en aspectos pedagógicos, ya que no se les exige ningún tipo de titulación para dirigir la competición escolar; se apoyan en métodos directivos y transmiten una información técnica que procede sólo del entrenador mediante comunicaciones autoritarias; su metodología de trabajo tradicional reproduce lo visto por sus entrenadores anteriores, basada en modelos de entrenamiento dirigidos a mecanizar y repetir movimientos con una rígida disciplina, dando prioridad al cumplimiento de los objetivos finalistas sobre el proceso y sobre el desarrollo personal del escolar. En la misma línea se encuentra Álamo (2001a), al incidir en que el deporte escolar debe estar dirigido por personas cualificadas y con formación pedagógica.

Resulta imprescindible una adecuada formación pedagógica de los profesionales encargados de estas actividades físico-deportivas para lograr que este programa sea educativo. Nos encontramos con profesionales que no tienen la adecuada formación y esto hace que el programa se convierta en un fracaso. Una causa de esto es la decadencia en la participación del alumnado, en la que algunos coordinadores opinan que disminuye la asistencia a las actividades conforme avanza el curso escolar, ya que el alumnado se encuentra desmotivado y aburrido. Consideramos que estos profesionales hacen lo que pueden, pero su escasa formación no permite que esta actividad sea exitosa en algunos centros.

Según Fraile et al. (2004), el grado de cualificación y formación pedagógica del técnico deportivo es indispensable para que la acción deportiva adquiera un componente educativo, por lo que considera que estas personas no son las más adecuadas para desempeñar estas funciones, mientras que el profesorado de Educación Física sí dispone de formación pedagógica y didáctica para llevar a cabo estas actividades deportivas realizadas en horario no lectivo. Petrus (1988) va aún más allá, afirmando que resulta ilógico que una actividad de tanta trascendencia como el deporte escolar esté bajo la responsabilidad de entrenadores y preparadores no siempre con la adecuada formación.

El monitor debe ser el máximo responsable de la educación de nuestros escolares conforme a los ideales deportivos. Debe tener en cuenta el estadio evolutivo del niño para poder responder adecuadamente a sus necesidades e intereses en cada momento. Deben tener en cuenta que persigue objetivos educativos y no debe orientarse a la captación de talentos deportivos o jóvenes campeones. Tal y como afirma Serrano (1989), hay que desechar la idea de captar talentos deportivos en el contexto escolar, centrando para ellos los objetivos en el marco propio que le corresponde, esto es, en un marco eminentemente pedagógico, sin que tengamos que caer en el error del culto a la personalidad del enseñante y dejar que sean otros organismos los que fomenten la competición y seleccionen los talentos.

El éxito del programa radica, entre otros motivos, en la actuación de nuestros monitores, cuando éstos consideren el deporte como un medio de educación, sin someter a nuestros alumnos a entrenamientos inadecuados o contraproducentes, ya que este tipo de deporte sería poco saludable y, por tanto, perjudicial. Considerando que el deporte bien entendido es un medio sumamente eficaz para inculcar un gran conjunto de valores educativos en los niños, y que estas actividades deportivo-recreativas que realicen, deben permitir en opinión de Fraile et al. (2004):

- ✓ Incrementar la participación entre los escolares, sin que la edad, el sexo o el nivel de entrenamiento se conviertan en factores limitantes.
- ✓ Favorecer un desarrollo de todas las posibilidades de movimiento, sin una especialización prematura.
- ✓ Ganar o perder no sea un resultado fundamental.

- ✓ Enseñar desde una base educativa.
- ✓ Desarrollar valores educativos democráticos.
- ✓ Favorecer la sociabilidad y el espíritu de cooperación en el grupo.
- ✓ Promover hábitos saludables entre los escolares.

Los niños menos dotados motrizmente presentan miedo o fobia a la práctica de las actividades físico-deportivas, debido, principalmente, a sus experiencias negativas, porque consideran inalcanzables los objetivos previstos y no cumplen con las expectativas de los monitores deportivos, y son éstos los que tienen que prestarles una adecuada atención y motivarlos para que esto no suceda y se establezcan unas relaciones satisfactorias y gratificantes, de tal modo que deben conseguir el gusto por la práctica deportiva y reflexionar sobre las implicaciones que pueden generar sus decisiones. Para Carranza (2008), los profesores y técnicos del deporte deben esforzarse en evitar diferencias entre los más y los menos capaces, y deben promover, en palabras de Ruiz y Cabrera (2004), la adquisición de valores deseables a través de su práctica, y estar más preocupado por cuestiones educativas que por cuestiones técnicas (Fraile et al. 2004).

El monitor puede llevar en ocasiones a exigir del niño más de lo que realmente puede dar, siendo causa de que algunos alumnos lleguen a rechazar la práctica deportiva; de igual modo, es posible que no fomente la participación de todos los alumnos, lo que conlleva que los menos dotados se vean descartados, provocando de igual modo el rechazo a la práctica deportiva. En palabras de Ortúzar (2004), los entrenadores (monitores) deben entender que el deporte escolar es un medio para educar, no para obtener resultados deportivos.

Giménez y Sáenz-López (1997), dicen que estas personas, en quienes confían los padres y la administración, no tienen siempre una adecuada formación, produciéndose, en ocasiones, conductas inapropiadas en el desarrollo de las prácticas deportivas de los jóvenes. Lamentablemente, muchos entrenadores olvidan su labor educativa y transmiten a los chicos valores que no son los adecuados, entendiendo la práctica deportiva desde un punto de vista excesivamente competitivo, ejerciendo una presión inadecuada, que tendrá consecuencias muy negativas en la formación tanto deportiva como humana de nuestros alumnos.

Los monitores deben olvidar la metodología empleada con los adultos y tener en cuenta unos objetivos acordes a la edad de nuestros alumnos. Debemos hacer creer en palabras de Coubertain que lo importante es participar, que disfruten de la práctica de las actividades físico-deportivas. Nuestros alumnos tienen que ver que la práctica deportiva no es sólo competición, que vencer debe ser secundario. Es evidente que los entrenadores deportivos que promueven un tipo de prácticas competitivas proceden de una formación federativa, reproduciendo, a modo de "pedagogía venenosa" entre los escolares, sus experiencias previas, sin cuestionar su valor educativo (Fraile y de Diego, 2006).

Antón y Dolado (1997), expresan que la acción del entrenador debe ser ofrecer al niño variabilidad de experiencias específicas que le produzcan satisfacción y representen enseñanzas que le permitan en el futuro jugar como mayores.

Para Cecchini, González, Carmona, y Contreras (2004), el entrenador también puede jugar un papel significativo como agente socializante al proporcionar a sus alumnos experiencias positivas en el deporte de competición. Para ello debe enfatizar los logros autoreferenciados que se relacionan con el dominio de la habilidad, la diversión, el esfuerzo y el interés por la actividad en sí misma, sin concederle ningún valor subordinado a los resultados objetivos de la competición en relación a los demás. Proporcionar un ambiente participativo que tenga en cuenta las necesidades y los intereses de los alumnos, premiar privadamente la mejora personal, organizar la clase en pequeños grupos cooperativos, utilizar una evaluación criterial, y propiciar un ritmo de enseñanza-aprendizaje que sea respetuoso con las diferencias individuales son algunas de las sugerencias o estrategias de intervención que se derivan de este estudio.

El deporte no será educativo si nuestros monitores sólo se ocupan de la enseñanza de los aspectos técnicos y tácticos y el desarrollo de cualidades físicas de los escolares, por lo que deben ocuparse también de la transmisión de valores y actitudes. Para Blázquez (1995a), el técnico responsable debe garantizar que todos los niños tengan la oportunidad de mostrar públicamente sus habilidades, contrastarlas con los demás y saber que se es observado y apreciado, siendo esto un principio de inclusión que debería estar presente para lograr la máxima participación. Para este mismo autor, éste debe contribuir al desarrollo y a la formación integral del alumno, y debe tener en cuenta que sus actuaciones tendrán repercusiones sobre ellos, tanto a nivel corporal, como conductual y actitudinal.

En un estudio realizado por Fraile (2000), éste destaca que como propuestas de acción práctica que deben ser recogidas y atendidas por las diferentes administraciones implicadas en la organización y gestión del deporte escolar, recoge que los maestros y estudiantes de magisterio son los perfiles más cercanos a un tipo de práctica recreativa, que atienda una educación en valores, de tal forma, que éstos puedan participar en estos programas y así obtener una substancial mejora profesional y educativa.

Fraile et al. (2004) concluyen diciendo que los educadores (maestros y estudiantes de magisterio) reúnen el perfil más adecuado para desarrollar este tipo de prácticas recreativas, en las que sobresale una educación en valores. De igual manera opina Castejón (2008), quien afirma que los maestros tienen una formación pedagógica de los contenidos y el contacto directo con el deporte debería ser de ellos.

Martens, citado por Giménez y Sáenz-López (1997), establece la declaración de derechos del niño considerados importantes para que los monitores, entrenadores o profesores de educación física tengan en cuenta a la hora de enseñar el deporte a estas edades:

I. A participar en el deporte.
II. A participar a un nivel compatible.
III. A contar con enseñantes adultos cualificados.
IV. A jugar como muchacho, no como adulto.
V. A tomar decisiones de su participación.
VI. A participar en medioambientes sanos y seguros.
VII. A una preparación apropiada.
VIII. A una igualdad de oportunidades.
IX. A ser tratado con dignidad.
X. A disfrutar practicando deporte.

Los monitores deben estar formados no sólo en el campo deportivo, sino también en el ámbito didáctico, pedagógico y psicológico. De esta forma nos aseguraremos que la práctica deportiva de nuestros alumnos será lo más educativa e integral posible. Según Wein, citado por y Sáenz-López (1997), un buen entrenador o educador debe tener las siguientes características: adecuados hábitos de vida, experiencia, trabajador, comunicador, alta motivación, conocimiento tanto del deporte como de aspectos relacionados con la enseñanza, sentido del humor, autocontrol, deseo de mejorar, abierto, honrado, positivo, etc.

En un estudio realiza por Asenjo y Maiztegui (2000), los educadores deportivos son conscientes de que su intervención es clave tanto para mejorar aptitudes motrices y psicomotrices como para desarrollar aspectos afectivos, cognitivos y sociales de la personalidad del niño.

Monteagudo (2000), expresa las premisas básicas que podrían ayudar al técnico deportivo en el adecuado desempeño de sus funciones, y que podríamos resumir en las siguientes:

- ✓ Evitar el excesivo dirigismo adulto en la organización y desarrollo del deporte escolar, por lo que recomienda cuidar y mantener un ambiente espontáneo y distendido para que el niño pueda expresarse y actuar sin presiones.
- ✓ Conocer al menos mínimamente las potencialidades y limitaciones, de modo que el niño no se aburra porque la actividad deportiva ofertada está por debajo de sus posibilidades deportivas, o que se frustre porque ésta supere sus conocimientos deportivos.
- ✓ Enfocar la iniciación deportiva hacia la polideportividad, huyendo de especializaciones prematuras.
- ✓ Hacer un seguimiento controlado de las motivaciones y expectativas de los escolares al comenzar las actividades y a medida que la práctica se prolonga en el tiempo.
- ✓ Garantizar que las prácticas de deporte escolar sean una fuente de diversión.
- ✓ Emplear refuerzos positivos y verbales.

Capítulo 5
DEPORTE ESCOLAR VS CURRÍCULUM

5.1. ÁREA DE LA EDUCACIÓN FÍSICA VS DEPORTE ESCOLAR

La Educación Física continúa siendo una disciplina vista por la sociedad en general, con poca consistencia a nivel académico, puesto que siempre ha prevalecido en la educación los aspectos cognitivos de carácter intelectual.

Al considerar el deporte escolar como un deporte educativo y vinculado con el área de la Educación Física, partimos de la base de que el monitor o técnico deportivo debe mantener una estrecha relación con el docente especialista en esta área; en nuestro caso, más aún, teniendo en cuenta que el hilo directo con el centro es el coordinador del programa, en la mayoría de los casos el propio maestro/profesor de Educación Física. Para Burriel y Carranza (1995), el deporte escolar ha de presentarse como una actividad física que forme parte o complemente los objetivos de la Educación Física escolar.

Fraile (1996), indica que los objetivos del área de la Educación Física y del deporte escolar deben ser complementarios y coincidentes. Al igual que Camerino (2008), que afirma que debe ser complementario al trabajo de la Educación Física escolar.

Devís (1995), afirma que el deporte escolar sólo tiene sentido si es coherente con los fines y propósitos que persigue la educación escolar. Expone también que el deporte escolar es una prolongación de la Educación Física.

Podemos concluir asegurando que el deporte escolar debe tener un estrecho vínculo con el área de la Educación Física, no sólo por el hecho de estar inmerso en el Proyecto de Centro, sino también, por ser coincidentes en los objetivos educativos que persigue. Tal y como afirma Calzada (2004), no se puede entender que el deporte en edad escolar no esté integrado en la educación física escolar. Esta integración garantizaría la consecución de los objetivos asignados al deporte escolar. En la misma línea se encuentra Devís (1996), al asegurar que escribir sobre deporte escolar es también escribir sobre la escuela, la Educación Física, las personas implicadas y la sociedad en su conjunto. Por consiguiente, abogamos por un currículum integrado que afecta a varias dimensiones.

5.2. ÁREAS TRANSVERSALES VS DEPORTE ESCOLAR

El deporte escolar debe estar estrechamente relacionado no sólo con el área de la Educación Física, sino también con las distintas áreas o temas transversales. Tal y como expresa Pereda (2000), constituyen una buena base para fomentar el modelo de deporte escolar y en el que se tiene en cuenta tanto el desarrollo personal de los alumnos, como su desarrollo social, haciendo que se sientan responsables de su destino y corresponsables del de la sociedad a la que pertenecen. Incluso, autores como Bocarro, Kanters, Casper y Forrester (2008), opinan que el currículo de la Educación Física puede ayudar a que los alumnos realicen prácticas deportivas después de la escuela y que tengan una vida activa.

Se considera que el deporte escolar, como transmisor de valores educativos, debe abarcar el resto de las áreas transversales, ya que éstas son inherentes a todas las áreas de la educación. Los contenidos establecidos en la práctica de las actividades físico-deportivas en el ámbito escolar se deben plantear con la finalidad de que las áreas transversales tengan cabida en los objetivos educativos que se quieren conseguir. En palabras de Pereda (2000), el deporte escolar puede ser un espacio muy adecuado para el tratamiento de temas transversales, como la Educación para la Igualdad de sexos, para la Salud, la Paz y no Violencia, para el Consumo, etc. Buscando la interdisciplinariedad, estas actividades están muy relacionadas con el área de conocimiento del medio natural, social y cultural.

Las actividades en el medio natural juegan un papel muy importante desde el punto de vista educativo (Santos, 2008), son interesantes y educativas, y nuestro deber es aproximar a nuestros alumnos a la naturaleza, con el fin de establecer un estrecho vínculo entre ambos. Numerosos autores inciden en la importancia de las actividades físico-deportivas en la educación de nuestros alumnos. Para Boné, citado por Conde (2000), estas actividades en el medio natural poseen los siguientes valores educativos:

1) La riqueza de estímulos suele ser mayor que en otra actividad realizada en una instalación deportiva convencional, puesto que se añade el elemento incertidumbre, ya sea por la propia actividad o por el entor-

no, lo que hace que los mecanismos perceptivos, decisionales y ejecutores se desarrollen más.
2) La naturaleza ha tenido un papel fundamental en la vida del ser humano, siendo aconsejable su utilización en el proceso educativo del niño.
3) La variedad y riqueza del medio natural aparece como una contraposición al orden mecanicista y monótono en el que estamos inmersos.
4) Educar para la vida es posibilitar la adquisición de hábitos para poder llegar a ser uno mismo. La adquisición de hábitos encaminados al disfrute, respeto y conservación del medio natural comienza a constituirse como un objeto educativo irrenunciable, posible gracias a una acción pedagógica en la misma naturaleza, y que es especialmente abordable desde las conductas motrices.

Para que estas actividades en el medio natural tengan estos valores educativos deben responder a una serie de características, que según Santos y Martínez, citados por Conde (2000), son los que se detallan a continuación:

a) Globalidad e interdisciplinariedad, es decir, trabajar los contenidos motrices básicos en relación con las mayores áreas de conocimiento posibles.
b) Carácter lúdico, abordarlas desde una perspectiva recreativa, de juego.
c) Motivadoras, placer por descubrir la naturaleza, por dominarla, por la aventura y la exploración.
d) Educativas, favoreciendo el desarrollo de capacidades motrices básicas y educación ambiental.
e) Contenidos de enseñanza, desarrollando en la naturaleza los componentes de la motricidad.

Como apunta Blázquez (1995a), los deportes ofertados suponen enfrentamientos, el ser vencedor o vencido, el tener que llegar como fin a una competición, pero no se ofertan actividades físico-deportivas que contienen un alto valor motriz y educativo

Capítulo 6
PLANTEAMIENTO METODOLÓGICO DE LA INVESTIGACIÓN

Ya se ha hecho un repaso del Programa y del deporte en la escuela, entendiendo éste como un derecho de todo ciudadano a conocerlo y practicarlo de manera libre y voluntaria en condiciones de igualdad y sin discriminación alguna, valorando su inestimable contribución al desarrollo integral de la persona y su consideración como factor indispensable para la integración de los discapacitados en la sociedad, debiendo potenciar el respeto que todo el sistema deportivo andaluz ha de prestar a la protección del medio natural, entendido como el gran equipamiento deportivo de nuestra comunidad. (Ley del Deporte de Andalucía, 1998).

Ahora, hay que comprobar si el Programa que desarrolla la Consejería de Educación en determinados centros educativos públicos se está realizando conforme a las expectativas creadas inicialmente. Para ello, se desarrolla el diseño de la investigación, con la contextualización del problema, los objetivos, la metodología, los instrumentos y estrategias para la recogida de la información y su posterior análisis.

El diseño de la investigación describe los procedimientos para guiar el estudio, incluyendo cuándo, de quién, y bajo qué condiciones serán obtenidos los datos (Mc Millan y Schumacher, 2005); es decir, nos indicará cómo se prepara la investigación, qué le pasa a los sujetos y qué métodos de recogida de datos se utiliza (gráfico 2).

Gráfico 2: Diseño de la investigación

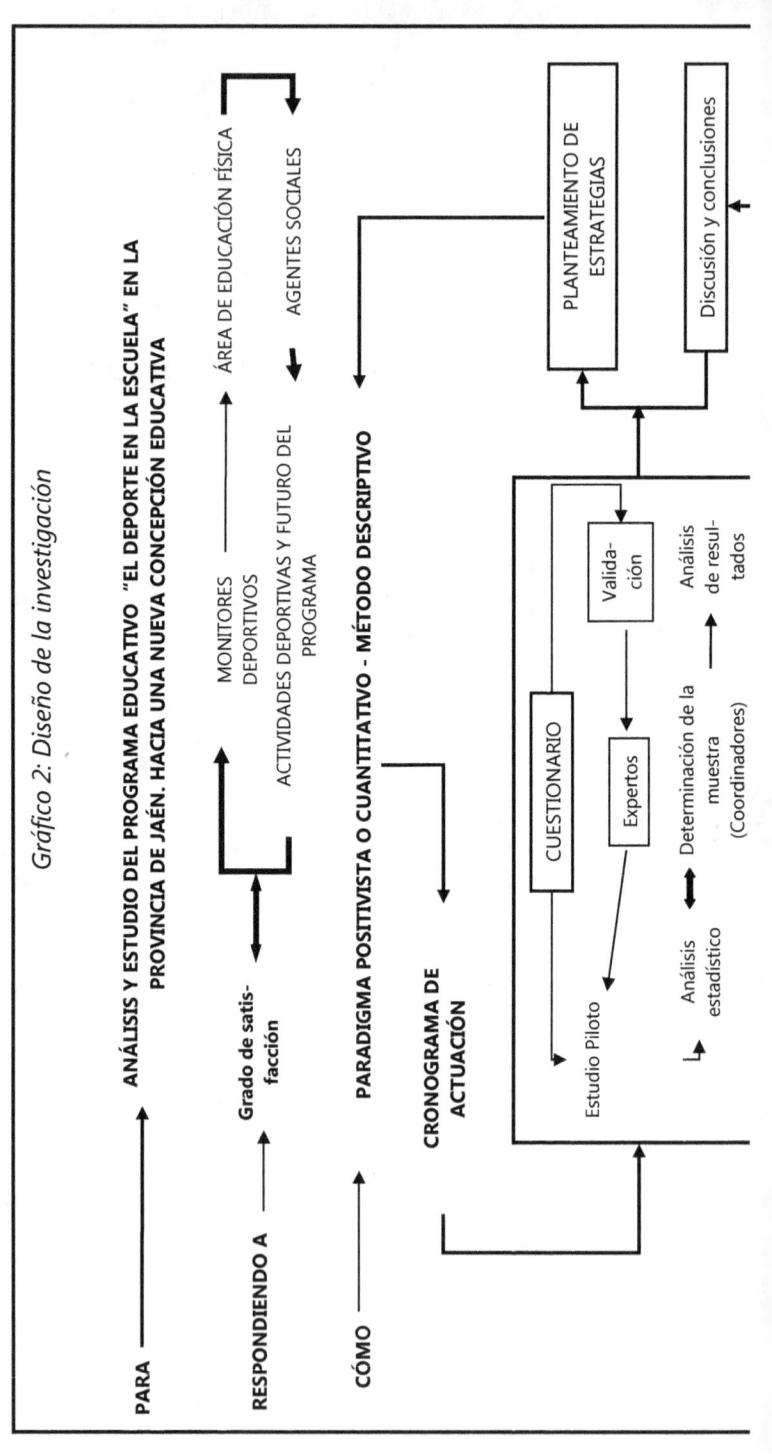

6.1. CONTEXTUALIZACIÓN Y FORMULACIÓN DEL PROBLEMA

Al reflexionar detenidamente sobre el transcurso del proceso de investigación, distinguiremos varias fases fundamentales en su desarrollo (Mayntz, Holm y Hübner, 2005):

1. Preparación teórica: Preformación conceptual del campo de los objetos y formulación de los problemas de la investigación.

2. Elaboración del plan y de los instrumentos de la investigación: Diseño de la investigación, de los instrumentos y técnicas de evaluación, con inclusión de la operacionalización de los conceptos centrales, determinación de la muestra, construcción de instrumentos.

3. Ejecución: Reunión del material.

4. Evaluación: Ordenación y análisis de los datos, intento de respuesta de los interrogantes de la investigación.

5. Conclusiones teóricas: Establecimiento del ámbito de validez de los enunciados obtenidos, en su caso generalización, indicación de la relación con la teoría existente.

Gráfico3: Proceso de la investigación

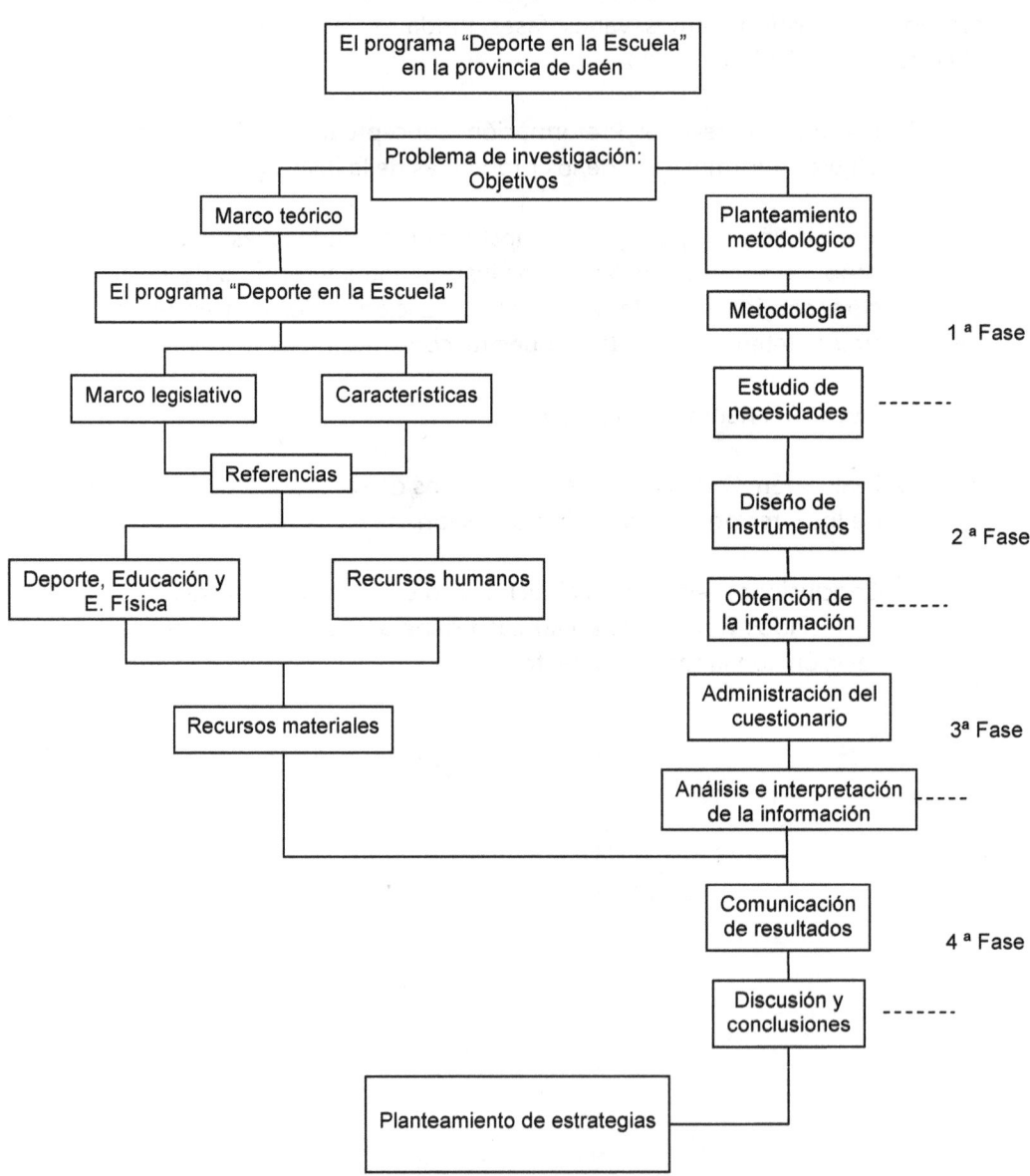

Fuente: Elaboración propia

El planteamiento del problema aparece cuando se pretendió dar respuesta a la pregunta que se considera de especial importancia, y que surgió de nuestra experiencia docente, del conocimiento y de las condiciones que nos rodea, y que consideramos que es, en nuestro caso, real y práctico, factible y resoluble, generador de conocimiento, que tiene utilidad y que sirve para mejorar o cambiar la práctica.

Por ello, el problema de la investigación vendría dado por las siguientes preguntas:

- ¿Qué opinan los coordinadores acerca de la realidad del Programa? ¿Se ajusta a lo que realmente pensaban cuando se inició?
- ¿Se encuentra el monitor deportivo correctamente formado, tanto técnica como pedagógicamente para enfrentarse a un grupo de niños y niñas?
- ¿Se atiende convenientemente a los alumnos/as que requieren Necesidades Específicas?
- ¿Qué valoración hacen los padres y madres del Programa? ¿Existe implicación?
- ¿Atienden las actividades deportivas a las características propias de todas las localidades o, en su caso, nos oferta un reducido número de deportes?
- Debido a su inclusión en el Proyecto de Centro, ¿se realiza un seguimiento correcto por parte del centro escolar en la evaluación del Programa?
- ¿Se desarrolla en consonancia con el Currículo de la Educación Física en la Educación Primaria y la Educación Secundaria Obligatoria, y su relación con otros temas transversales?
- ¿Debe existir programas para continuar con la formación de los monitores deportivos?
- ¿En qué estado se encuentran las instalaciones deportivas?
- ¿Realmente, existe igualdad de oportunidades en cuanto al género?
- ¿Están formados nuestros monitores en caso de lesión o accidente de algún alumno en la práctica de las actividades físico-deportivas?
- ¿Sería posible que las competencias de un monitor las asumiese un especialista en el área de la Educación Física?

Todas estas cuestiones y muchas más tendrán que resolverse para aclarar nuestro problema de investigación, es decir, comprobar la eficacia real del programa en estos tres años, la satisfacción que tienen los coordinadores, o lo que es lo mismo, para confirmar o analizar si el Programa El deporte en la Escuela se lleva a cabo por profesionales del deporte, conforme a las edades de nuestros alumnos, en las mejores condiciones, con las actividades deportivas ajustadas y apropiadas, y con la participación de los agentes sociales más próximos al mismo, y disponer, de esta manera, de unos criterios evidentes y concisos para plantear estrategias de mejora en función de lo que piensan los Coordinadores del Programa sobre la práctica del deporte en horario no lectivo en nuestros centros educativos.

6.2. OBJETIVOS

La cuestión radica en conocer si el Programa aporta estos beneficios en los escolares; por consiguiente, todos estos propósitos se concretan en el siguiente objetivo general:

Averiguar el grado de satisfacción del Programa Educativo "El Deporte en la Escuela" en la provincia de Jaén, desde la perspectiva de los Coordinadores del Programa.

El propósito de este estudio será comprobar aquellos aspectos que se consideran de especial relevancia dentro del Programa, de acuerdo a los objetivos del mismo, y que creemos que pueden llegar a mejorarse en función de las conclusiones que se desprendan de este estudio. Para conseguir este objetivo general, se plantea el acercamiento al objeto de estudio desde distintas perspectivas. En primer lugar, con la intervención de expertos del Programa que ayudarán a dar validez al cuestionario, y desde la perspectiva de la recogida de datos, con la administración de un cuestionario a los Coordinadores encargados del plan en cada centro educativo.

Todos estos propósitos se van a concretar en los siguientes objetivos específicos, que tienen un carácter descriptivo sobre el problema de investigación (Cortada de Kohan, Macbeth y López, 2008):

1. Conocer si los monitores o técnicos deportivos se encuentran correctamente cualificados en la formación de nuestros alumnos y alumnas.
2. Determinar si está vinculado en consonancia con el área de la Educación Física, además de su relación con otros temas transversales.
3. Comprobar el grado de implicación de los distintos sectores que intervienen en el Programa.
4. Establecer si las actividades físico-deportivas se realizan en las mejores condiciones posibles.
5. Conocer qué piensan los Coordinadores sobre el futuro del Programa.

6.3. METODOLOGÍA UTILIZADA

Teniendo en cuenta que el Programa educativo está en curso, nos decantamos por una metodología positivista o cuantitativa, que según Latorre, del Rincón y Arnal (2005), intenta descubrir las leyes por las que se rigen los fenómenos educativos y elaborar teorías científicas que guíen la acción educativa, sirviéndonos de pruebas estadísticas para el análisis de los datos, y que tendrá como meta proporcionar descripciones estadísticas, relaciones y explicaciones (McMillan, y Schumacher, 2005). Siguiendo a Latorre, del Rincón y Arnal (2005), según la profundidad u objetivo, y la dimensión temporal, nos basamos en una investigación descriptiva, puesto que tendrá como objetivo central la descripción de los datos obtenidos, tal y como aparecen en el momento de realizarse el estudio, intentando recoger y analizar la información obtenida del estudio con fines exploratorios. Entendiendo por metodología descriptiva aquella que pregunta por la naturaleza de un fenómeno social, siendo el resultado de la investigación la descripción y clasificación de fenómenos sociales (Mayntz, Holm y Hübner, 2005).

Según el alcance temporal, nuestra tesina de investigación tendrá un corte transversal o seccional, ya que se estudia el objeto de investigación en un momento dado, siendo un proceso sistemático de recogida de análisis de información fiable y válida para tomar decisiones sobre el Programa educativo (de la Orden, 1985), que intentará determinar el valor del mismo de acuerdo a determinados criterios. Según opinión de varios autores, Cohen y Manion (1990), Hernández, Fernández y Baptista (1991) y Díaz de Rada (2002), se trata de estimaciones estáticas que corresponden a una *fotografía* de la realidad en un momento concreto, de una población en momento determinado, una instantánea que recoge una situación estática, cuyo propósito es describir variables y analizar su incidencia e interrelación en un momento dado, pero que permite también realizar explicaciones al efectuar comparaciones entre subgrupos de la muestra.

La investigación está diseñada de modo que la información sobre un gran número de personas pueda ser inferida de las respuestas que se obtengan de un grupo más pequeño de sujetos, por lo que nos inclinamos por el método de investigación por encuesta. Según Latorre, del Rincón y Arnal (2005), es un método de investigación basado en una serie de preguntas dirigidas a sujetos que pueden constituir una muestra representativa de una población, con el fin de describir y/o relacionar características personales y ciertos ámbitos de información necesarios para responder al problema de investigación, como pueden ser: intereses, motivaciones, creencias, actitudes, intenciones, deseos, percepciones, vivencias y conductas personales y de grupos. Así, nuestro estudio presenta las características propias de este método, por un lado, porque la recogida de datos se basa en la información de las personas que la poseen y que son capaces de comunicarla y, por otro, porque se pretende realizar estimaciones de las conclusiones para la población a partir de los resultados que obtengamos de la muestra seleccionada.

6.4. CRONOGRAMA DE ACTUACIÓN

La investigación se articula en torno a varias fases que no siguen un proceso secuencial, pues en la realidad, se complementan unas con otras e interactúan entre sí.

- ✓ PRIMERA FASE: Destinada al estudio de necesidades y al diseño de instrumentos a partir de los objetivos de la investigación.
    - Cuestionario: Elaboración del cuestionario, validación del mismo y contraste con un estudio piloto. Determinación de la población de estudio.

- ✓ SEGUNDA FASE: Destinada a la obtención de la información.
    - Cuestionario: Administración del cuestionario.

- ✓ TERCERA FASE: Destinada al análisis e interpretación de la información y comunicación de resultados.
    - Cuestionario: Vaciado y análisis de la información obtenida mediante tratamiento estadístico.

- ✓ CUARTA FASE: Destinada a la discusión y redacción de conclusiones, y planteamiento de estrategias.

6.5. INSTRUMENTOS UTILIZADOS

Según Del Rincón et al (1995), los instrumentos son medios reales, con identidad propia, que los investigadores elaboran con el propósito de registrar información y/o de medir características de los sujetos. Mediante este diseño de investigación, se intenta orientar a las personas responsables del desarrollo del Programa para que efectúen sus propias evaluaciones, con el fin satisfacer las necesidades que requiere el Programa, de conocer sus principios básicos, su evolución, sus actividades, sus logros y sus dificultades.

Elegimos la encuesta por ser muy utilizada en el ámbito educativo, con la cual, el investigador pregunta a los investigados sobre los datos que desea obtener, y posteriormente reúne estos datos individuales para obtener durante la evaluación datos agregados (Díaz de Rada, 2002); esto es, aunque se interroga a individuos, interesa la consideración conjunta de los datos agrupados según las dimensiones a estudiar (Mayntz, Holm y Hübner, 2005). De este modo, arbitramos todos los mecanismos necesarios para conocer el funcionamiento del Programa, para lo cual, optamos como instrumento de encuesta escrita el cuestionario, diseñado para averiguar las circunstancias que rodean al Programa, obtener información acerca de los aspectos generales del mismo, de los distintos sectores implicados, etc. Dentro de esta investigación, se ha recurrido al cuestionario como técnica de obtención de información sobre las variables que intervienen en la investigación, siendo éstas las distintas informaciones incluidas en el mismo, las características que pueden adoptar distintos valores (Bisquerra, 2004).

6.5.1. Cuestionario

El cuestionario consiste en una serie de preguntas o ítems acerca de un determinado problema o cuestión sobre el que se desea investigar y cuyas respuestas han de contentarse por escrito (Del Rincón et al, 1995). Resulta ser la operacionalización de un determinado problema objeto de investigación, por lo que se ha traducido este problema de investigación al lenguaje del cuestionario, pensado en este caso, para los coordinadores del Programa.

En opinión de Ander-egg (2003), la elaboración del cuestionario constituye una fase crucial en el desarrollo de la investigación, ya que todo error o ambigüedad en la tarea de su construcción repercutirá en el conjunto de las operaciones ulteriores y en las conclusiones finales, puesto que la formulación escrita de los ítems respondidos por los sujetos permitirá estudiar el problema propuesto en la investigación.

Para la elaboración del mismo, se han tenido presente cuáles son los objetivos, para lo cual, se han seleccionado los indicadores o ítems que recogen los aspectos fundamentales del estudio. Se han tratado de buscar indicadores para aquellas dimensiones que, en principio, sólo han sido definidas teóricamente, y que han de constituir el objeto de la investigación y, que gracias a ellos, las inferencias no sólo sean posibles, sino también válidas.

6.5.1.1. Diseño del cuestionario

El cuestionario fue de elaboración propia y se construyó de forma que las respuestas pudieran ser fácilmente codificadas, depuradas y susceptibles de tratamiento informático (Azorín y Sánchez-Crespo, 1994). La primera fase en este diseño de investigación comenzó con una delimitación clara de las cuestiones a investigar, elaborando un listado de los temas sobre los que se quería obtener información, así como identificando el número y tipo de preguntas que se iban a relacionar con cada uno de estos temas.

Se tuvo en cuenta para la elaboración del cuestionario las siguientes reglas consideradas imprescindibles (Ander-egg, 2003):

a. La elección de las preguntas
b. El modo de formular y redactar las preguntas.
c. La estructura de las preguntas.
d. El número de preguntas.
e. El orden de las preguntas y la prevención de las posibles deformaciones.

Siguiendo a Del Rincón et al (1995), se diseñó la estructura del cuestionario en función de las siguientes sugerencias:

1. El diseño debe ser claro y sencillo.
2. Introducir respuestas que despierten el interés del encuestado, que sean fáciles de contestar. Las cuestiones más complejas e importantes se sitúan en la parte central; sin embargo, se dejan para el final las preguntas interesantes y sencillas que faciliten su respuesta.
3. La apariencia del mismo es esencial, de tal manera, que una presentación demasiado comprimida abruma y desanima.

En la formación del cuestionario, utilizamos la escala aditiva o de Likert, estando constituida por un número determinado de preguntas que actúan como reactivos del sujeto, por lo que éste muestra su acuerdo/desacuerdo frente a los enunciados, para proceder a una selección estadística de los ítems. En nuestro caso, los sujetos respondieron a cada ítem del cuestionario en función de cinco rangos, señalando con una cruz la categoría elegida para cada indicador o ítem.

De conformidad a lo establecido por Babbie (en McMillan y Schumacher, 2005), en cuanto a las líneas de orientación para la redacción de las cuestiones o enunciados, se tuvieron en cuenta las siguientes orientaciones:

- Elaborar ítems claros, es decir, todos los entrevistados deben interpretarlos de la misma manera.
- Evitar las preguntas con dos objetivos.
- Los entrevistados deben ser competentes para responder, capaces de proporcionar información fiable.
- Las preguntas deben ser pertinentes, es decir, importantes para los encuestados.
- Los mejores ítems son los cortos y sencillos, fáciles de entender y de responder.
- Evitar ítems o términos sesgados, ya que la forma en que se redactan los ítems, o la inclusión de ciertos términos, puede favorecer unas respuestas en lugar de otras.

Los ítems fueron formulados más o menos en un lenguaje que se emplearía en una conversación con el encuestado, de manera que se conserva su carácter espontáneo, aunque evidentemente, sin caer en el dialecto del lenguaje cotidiano. En cuanto al tipo de preguntas, se utilizan las preguntas cerradas, al ser preferibles desde el punto de vista de la fiabilidad de los datos.

6.5.1.2. Validación del cuestionario.

Entendemos por validez, el grado en que la medida refleja con exactitud el rasgo, característica o dimensión que se pretende medir (Del Rincón et al, 1995). En función de los objetivos que pretendemos lograr con el cuestionario, hacemos mención a la validez de contenido, llevada a cabo por un grupo de expertos, y a la validez de constructo, realizando el análisis factorial del mismo en función de los resultados de la prueba piloto mediante tratamiento estadístico-informático.

6.5.1.2.1. Validez de contenido.

Previamente a la redacción del cuestionario, se selecciona un grupo de expertos para la validación del mismo en distintas fases, intentando que analicen la representatividad de los distintos indicadores y su relevancia con los objetivos a medir. El cuestionario inicial constaba de 91 ítems. A la primera de estas fases, asisten 6 coordinadores del Programa y el coordinador provincial, todos ellos maestros y profesores especialistas en Educación Física, a los que se les solicita si los indicadores se adecuan a los objetivos propuestos, y si les plantea las siguientes preguntas:

1. Considera suficiente el número de grados de la escala.
2. Le parece correcto el número de ítems que la compone.
3. Le parecen demasiados.
4. Son lo suficientemente claros y fáciles de entender y responder.
5. Están correctamente redactados.
6. Le parece adecuado el orden de las preguntas.
7. Considera correcta la presentación.

Finalmente, se les pide que aporten los ítems que consideren deben estar incluidos en el cuestionario y cuantas sugerencias estimen convenientes. Del análisis y estudio de esta primera fase, se acuerda eliminar algunas preguntas así como incorporar otras nuevas que han sido consideradas de especial importancia por estos expertos para estar incluidas en el cuestionario definitivo, por lo que en este momento el cuestionario cuenta con 60 ítems.

En una segunda fase, con motivo de las "II Jornadas de estudio y proyección en el Programa el Deporte en la Escuela", organizadas por la Dirección General de Participación y Equidad en Educación (Antequera, 26 y 27 de marzo de 2009), se contrasta el cuestionario resultante en la primera fase con otro grupo de expertos a nivel regional, entre los que se encuentran los 8 coordinadores provinciales del Programa y 6 coordinadores de cada provincia andaluza, además de representantes de Ayuntamientos y Diputaciones. En total, contestan al cuestionario 65 sujetos, todos ellos con demostrada experiencia en este Programa educativo. En esta ocasión, no existe respuesta a los distintos ítems, sino una valoración de los mismos en función de la idoneidad y del grado de importancia que le dan a su contenido de cara a estar en el cuestionario definitivo, puntuando cada ítem de 1 a 10, siendo el ítem más relevante el puntuado con grado 10, es decir, a mayor acuerdo, mayor puntuación. Asimismo, a este grupo de expertos se le da la oportunidad de agregar aquellos ítems que puedan considerar que reúnen las condiciones para estar en el mismo y/o cuantas sugerencias, aportaciones y propuestas de mejora estimen de especial importancia.

Una vez realizado el análisis de los resultados establecidos en esta segunda fase, se determina que el cuestionario a administrar en la prueba piloto se compone de 59 ítems, con lo que se pretende comprobar si es un instrumento válido de recogida de información, para lo cual se administra a los coordinadores del programa haciéndoles llegar el mismo por correo electrónico y ordinario. En el contenido del cuestionario en esta prueba piloto se habían incluido siete factores:

1. Formación del Monitor/Técnico deportivo
2. Programa vs Área de la Educación Física vs Currículo
3. Implicación de los distintos sectores implicados
4. Financiación y gestión económica del Programa
5. La competición.
6. Material, Equipamiento e Instalaciones Deportivas
7. Acerca del futuro del Programa

6.5.1.2.2. Validez de constructo.

Para la validez del cuestionario es importante determinar qué es lo que realmente mide, qué factores o dimensiones explican la varianza de las puntuaciones de los sujetos. El instrumento será válido si mide realmente lo que debe medir (Del Rincón et al, 1995). Para ello, empleamos el análisis factorial de los indicadores que componen el instrumento. Para Mayntz, Holm y Hübner (2005), una definición operacional es válida siempre que, cumpliendo las operaciones de medida indicadas en ella, se contempla todo aquello a lo que con su contenido significativo remite el concepto.

Los datos son resultados obtenidos por la investigación a partir de los que se confeccionarán las interpretaciones y las conclusiones (Mc Millan y Schumacher, 2005). Éstos fueron analizados con el software informático-estadístico SPSS 15.0 para Windows. Las diferentes pruebas estadísticas que hemos empleado han sido el análisis factorial, el análisis de fiabilidad y el análisis de correlación.

Una vez administrado el cuestionario, y tras las respuestas emitidas por los sujetos, se realizó un análisis factorial extrayendo un máximo de 5 factores y empleando el método de componentes principales y rotación Varimax. Se obtuvieron estos 5 factores con autovalores mayores a uno, que explicaban el 41.66% de la varianza de las puntuaciones obtenidas. Posteriormente, durante el examen de los ítems, comprobamos que alguno de ellos mostraba pesos factoriales en más de una dimensión, o bien, que el valor de los mismos era inferior a .35. Atendiendo a estos criterios, 16 de los 59 ítems fueron eliminados. Aplicamos un segundo análisis factorial con los 43 ítems restantes, que explicaban el 51.06% total de la varianza. El valor obtenido en la prueba de adecuación muestral de Kaiser-Meyer-Olkin (K.M.O. = .733) y en el test de esfericidad de Barlett (2615.30, sig. = .000), refrendaron la adecuación del procedimiento seguido.

Eliminamos aquellos ítems que siguen mostrando pesos factoriales en más de una dimensión y realizamos un análisis de fiabilidad, suprimiendo aquellos ítems que consideramos pueden bajar el índice de fiabilidad, de tal forma, que eliminamos 13 ítems de los 43 restantes. Aplicamos un tercer análisis factorial con los 30 ítems, y los cinco factores con autovalores mayores que 1 explicaban el 54.75% de la varianza, y los valores obtenidos son los que se muestran en la tabla 1.

Tabla 1. KMO y prueba de Bartlett

Medida de adecuación muestral de Kaiser-Meyer-Olkin.		,795
Prueba de esfericidad de Bartlett	Chi-cuadrado aproximado	2042,967
	gl	435
	Sig.	,000

Tabla 2. Comunalidades

	Inicial	Extracción
1) Considero adecuada la cualificación pedagógica del monitor deportivo	1,000	,682
2) Considero adecuada la cualificación técnica del monitor deportivo	1,000	,620
3) El monitor deportivo fomenta y cuida la formación en valores	1,000	,712
4) El monitor deportivo participa de forma activa en la formación integral de los escolares	1,000	,675
5) El monitor deportivo atiende a las normas de seguridad en la práctica de las actividades físico-deportivas	1,000	,595
6) El monitor deportivo planifica las sesiones en función del nivel de los escolares y de los objetivos que persigue	1,000	,632
7) Considero que el monitor deportivo está suficiente formado en caso de accidente deportivo de alguno de los escolares	1,000	,516
8) El monitor deportivo refuerza los comportamientos positivos y corrige los negativos	1,000	,618
9) El monitor deportivo fomenta la participación de todos los alumnos/as	1,000	,416
10) El monitor deportivo favorece la integración de los escolares con Necesidades Específicas	1,000	,517
11) El programa contribuye al desarrollo de las Competencias Básicas que establece el área de la Educación Física	1,000	,687
12) Existe conexión entre el programa y el área de la Educación Física	1,000	,617
13) El programa favorece la consecución de los objetivos previstos en el área de la Educación Física	1,000	,539

	Inicial	Extracción
14) El programa desarrolla contenidos de áreas transversales, como la Educación para la Paz, Educación para la Salud, etc.	1,000	,493
15) El programa fomenta el rendimiento académico de los escolares	1,000	,492
16) El programa promueve la transferencia de contenidos a otras áreas del currículo	1,000	,519
17) Los padres/madres de los escolares participan en el buen desarrollo del programa	1,000	,536
18) El monitor deportivo tiene buena relación con los padres/madres de los alumnos/as	1,000	,630
19) Las expectativas creadas por el programa coinciden con la realidad	1,000	,427
20) El Consejo Escolar realiza un seguimiento y evaluación del programa con objeto de valorar la eficacia del mismo	1,000	,363
21) Los padres/madres valoran la participación de sus hijos en el programa igual que lo harían en un club deportivo privado	1,000	,324
22) El estado general de conservación del equipamiento deportivo es aceptable	1,000	,751
23) El estado general de conservación de las instalaciones deportivas es aceptable	1,000	,659
24) El material deportivo disponible resulta adecuado	1,000	,636
25) Las instalaciones deportivas se han mejorado debido al programa	1,000	,474
26) El programa debe organizar actividades deportivas relacionadas con la naturaleza	1,000	,606
27) Es conveniente ofertar otras actividades deportivas	1,000	,530
28) Las Delegaciones Provinciales deberían programar durante el curso actividades y jornadas de formación para Coordinadores	1,000	,494
29) Las Delegaciones Provinciales deben programar durante el curso escolar actividades para mejorar la formación de los monitores deportivos	1,000	,423
30) Debe ser un especialista de Educación Física el encargado de las funciones del monitor deportivo	1,000	,244

La prueba de esfericidad de Barlett y la medida de adecuación muestral de Kaiser-Meyer-Olkin nos demuestran que se puede realizar el análisis factorial. Para la extracción de los factores se utiliza la varianza total explicada. En la tabla 3 se observa que con 5 factores se obtiene un porcentaje acumulado de la varianza del 54.75%, siendo válido para este análisis.

Tabla 3. Varianza total explicada

Componente	Sumas de las saturaciones al cuadrado de la extracción			Suma de las saturaciones al cuadrado de la rotación		
	Total	% de la varianza	% acumulado	Total	% de la varianza	% acumulado
1	7,110	23,698	23,698	4,964	16,547	16,547
2	2,851	9,504	33,202	3,464	11,546	28,093
3	2,707	9,024	42,226	2,892	9,640	37,732
4	1,986	6,621	48,847	2,697	8,989	46,721
5	1,772	5,907	54,754	2,410	8,033	54,754

Gráfico 4. Gráfico de sedimentación

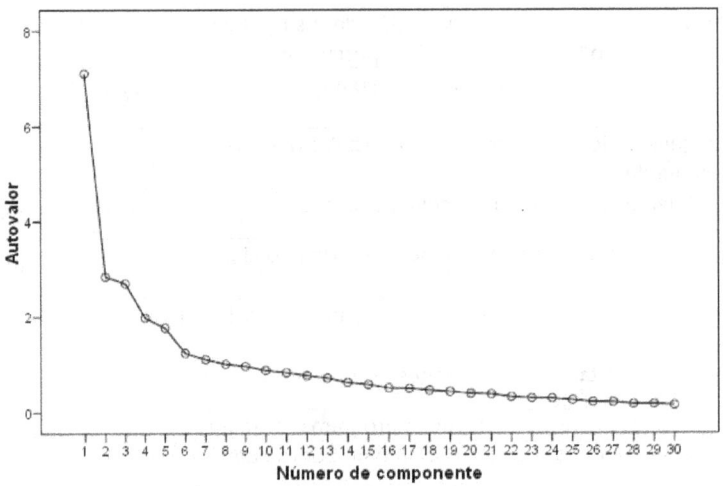

El cuestionario definitivo presenta el siguiente diseño:

A. Una primera parte que consta de 13 preguntas. Las 12 iniciales hacen referencia al área de contenido (datos de los coordinadores y datos relativos al Programa en su centro). La última se han definido en función de la estimación o valoración global que los coordinadores atribuyen al Programa.
B. La segunda parte se corresponde con el cuestionario, desarrollado según las cinco dimensiones extraídas durante el análisis factorial.

La tabla 4 nos muestra la configuración de la segunda parte del cuestionario en función de las dimensiones establecidas, el objetivo que persigue cada una de ellas y los ítems que ayudarán a valorarlo.

Tabla 4: Diseño del cuestionario: Dimensiones, objetivos e ítems asociados.

DIMENSIONES	OBJETIVOS	ÍTEMS
Dimensión 1: Formación del Monitor/Técnico deportivo	Conocer si los monitores o técnicos deportivos se encuentran correctamente cualificados en la formación de nuestros alumnos y alumnas	1 a 10
Dimensión 2: Programa vs Área de la Educación Física vs Currículo	Determinar si está vinculado en consonancia con el área de la Educación Física, además de su relación con otros temas transversales	11 a 16
Dimensión 3: Agentes implicados (Padres/Madres-Centro Escolar-Monitor deportivo)	Comprobar el grado de implicación de los distintos sectores que intervienen en el programa	17 a 21
Dimensión 4: Material, Equipamiento e Instalaciones Deportivas	Establecer si las actividades físico-deportivas se realizan en las mejores condiciones posibles	22 a 25
Dimensión 5: Acerca del futuro del Programa	Conocer qué piensan los Coordinadores sobre el futuro del Programa.	26 a 30

Cada una de estas dimensiones lleva asociada un conjunto de variables que permiten definirla y explicarla. En las tablas 5, 6, 7, 8 y 9 se muestran cada uno de los objetivos de la investigación con las variables asociadas a su dimensión, indicando el nombre de cada una de las variables, el tipo, la definición de la misma y los valores que pueden adoptar.

Tabla 5: Dimensión 1: Formación del Monitor/Técnico deportivo.

OBJETIVO	VARIABLE	DEFINICIÓN	ÍTEM	VALORES DE LA VARIABLE
Conocer si los monitores o técnicos deportivos se encuentran correctamente cualificados en la formación de nuestros alumnos y alumnas	V1_1 Escala	Considero adecuada la cualificación pedagógica del Monitor Deportivo	1	Los valores de cada una de las variables se encuentran definidas en una escala tipo Likert, siendo el valor más bajo totalmente en desacuerdo y el valor más alto el correspondiente a totalmente de acuerdo. Los valores de la escala son: • Totalmente en desacuerdo • En desacuerdo • Indiferente • De acuerdo • Totalmente de acuerdo
	V1_2 Escala	Considero adecuada la cualificación técnica del Monitor Deportivo	2	
	V1_3 Escala	El Monitor Deportivo fomenta y cuida la formación en valores	3	
	V1_4 Escala	El Monitor Deportivo participa de forma activa en la formación integral de los escolares	4	
	V1_5 Escala	El Monitor Deportivo atiende a las normas de seguridad en la práctica de las actividades físico-deportivas	5	
	V1_6 Escala	El Monitor Deportivo planifica las sesiones en función del nivel de los escolares y de los objetivos que persigue	6	
	V1_7 Escala	Considero que el Monitor Deportivo está suficientemente formado en caso de accidente deportivo de alguno de los escolares	7	
	V1_8 Escala	El Monitor Deportivo refuerza los comportamientos positivos y corrige los negativos	8	
	V1_9 Escala	El Monitor Deportivo fomenta la participación de todos los alumnos y alumnas en las competiciones externas	9	
	V1_10 Escala	El Monitor Deportivo favorece la integración de los escolares con Necesidades Específicas	10	

Tabla 6: Dimensión 2: Programa vs Área de la Educación Física vs Currículo.

OBJETIVO	VARIABLE	DEFINICIÓN	ÍTEM	VALORES DE LA VARIABLE
Determinar si está vinculado en consonancia con el área de la Educación Física, además de su relación con otros temas transversales	V2_1 Escala	El programa contribuye al desarrollo de las Competencias Básicas que establece el área de la Educación Física	11	Los valores de cada una de las variables se encuentran definidas en una escala tipo Likert, siendo el valor más bajo totalmente en desacuerdo y el valor más alto el correspondiente a totalmente de acuerdo.
	V2_2 Escala	Existe conexión entre el programa y el área de la Educación Física	12	
	V2_3 Escala	El programa favorece la consecución de los objetivos previstos en el área de la Educación Física	13	
	V2_4 Escala	El programa desarrolla contenidos de áreas transversales, como Educación para la Paz, Educación para la Salud, etc.	14	Los valores de la escala son: • Totalmente en desacuerdo • En desacuerdo • Indiferente • De acuerdo • Totalmente de acuerdo
	V2_5 Escala	El programa fomenta el rendimiento académico de los escolares	15	
	V2_6 Escala	El programa promueve la transferencia de contenidos a otras áreas del currículo	16	

Tabla 7: Dimensión 3: Agentes implicados (Padres/Madres-Centro Escolar-Monitor deportivo).

OBJETIVO	VARIABLE	DEFINICIÓN	ÍTEM	VALORES DE LA VARIABLE
Comprobar el grado de implicación de los distintos sectores que intervienen en el programa	V3_1 Escala	Los padres/madres de los escolares participan en el buen desarrollo del programa	17	Los valores de cada una de las variables se encuentran definidas en una escala tipo Likert, siendo el valor más bajo totalmente en desacuerdo y el valor más alto el correspondiente a totalmente de acuerdo.
	V3_2 Escala	El Monitor Deportivo tiene buena relación con los padres/madres de los/las alumnos/as	18	
	V3_3 Escala	Las expectativas creadas por el Programa coinciden con la realidad	19	
	V3_4 Escala	20. El Consejo Escolar realiza un seguimiento y evaluación del programa con objeto de valorar la eficacia del mismo	20	Los valores de la escala son: • Totalmente en desacuerdo • En desacuerdo • Indiferente • De acuerdo • Totalmente de acuerdo
	V3_5 Escala	Los padres/madres valoran la participación de sus hijos en el programa igual que lo harían en un club deportivo privado	21	

Tabla 8: Dimensión 4: Material, Equipamiento e Instalaciones Deportivas.

OBJETIVO	VARIABLE	DEFINICIÓN	ÍTEM	VALORES DE LA VARIABLE
Establecer si las actividades físico-deportivas se realizan en las mejores condiciones posibles	V4_1 Escala	El estado general de conservación del equipamiento deportivo es aceptable	22	Los valores de cada una de las variables se encuentran definidas en una escala tipo Likert, siendo el valor más bajo totalmente en desacuerdo y el valor más alto el correspondiente a totalmente de acuerdo. Los valores de la escala son: • Totalmente en desacuerdo • En desacuerdo • Indiferente • De acuerdo • Totalmente de acuerdo
	V4_2 Escala	El estado general de conservación de las instalaciones deportivas es aceptable	23	
	V4_3 Escala	El material deportivo disponible resulta adecuado	24	
	V4_4 Escala	Las instalaciones deportivas se han mejorado debido al programa	25	

Tabla 9: Dimensión 5: Acerca del futuro del Programa.

OBJETIVO	VARIABLE	DEFINICIÓN	ÍTEM	VALORES DE LA VARIABLE
Conocer qué piensan los Coordinadores sobre el futuro del Programa	V5_1 Escala	El programa debe organizar actividades deportivas relacionadas con la naturaleza	26	Los valores de cada una de las variables se encuentran definidas en una escala tipo Likert, siendo el valor más bajo totalmente en desacuerdo y el valor más alto el correspondiente a totalmente de acuerdo. Los valores de la escala son: • Totalmente en desacuerdo • En desacuerdo • Indiferente • De acuerdo • Totalmente de acuerdo
	V5_2 Escala	Es conveniente ofertar otras actividades deportiva	27	
	V5_3 Escala	Las Delegaciones Provinciales deberían programar durante el curso escolar actividades y jornadas de formación para Coordinadores	28	
	V5_4 Escala	Las Delegaciones Provinciales deben programar durante el curso escolar actividades para mejorar la formación de los Monitores Deportivos	29	
	V5_5 Escala	Debe ser un especialista de Educación Física el encargado de las funciones del Monitor Deportivo	30	

La tabla 10 nos muestra los ítems y pesos factoriales (matriz de componentes rotados), lo que nos ha permitido clasificar la estructura del instrumento.

Tabla 10. *Ítems y pesos factoriales incluidos en el Cuestionario de Satisfacción de los Coordinadores del Programa "El Deporte en la Escuela"*

ÍTEMS	FACTORES				
	1	2	3	4	5
39) Considero adecuada la cualificación pedagógica del monitor deportivo	,817				
38) Considero adecuada la cualificación técnica del monitor deportivo	,763				
41) El monitor deportivo fomenta y cuida la formación en valores	,730				
40) El monitor deportivo participa de forma activa en la formación integral de los escolares	,723				
47) El monitor deportivo atiende a las normas de seguridad en la práctica de las actividades físico-deportivas	,723				
42) El monitor deportivo planifica las sesiones en función del nivel de los escolares y de los objetivos que persigue	,707				
46) Considero que el monitor deportivo está suficientemente formado en caso de accidente deportivo de alguno de los escolares	,676				
43) El monitor deportivo refuerza los comportamientos positivos y corrige los negativos	,666				
48) El monitor deportivo fomenta la participación de todos los alumnos y alumnas	,441				
51) El monitor deportivo favorece la integración de los escolares con Necesidades Específicas	,406				
27) El programa contribuye al desarrollo de las Competencias Básicas que establece el área de la Educación Física		,791			
26) Existe conexión entre el programa y el área de la Educación Física		,761			
22) El programa favorece la consecución de los objetivos previstos en el área de la Educación Física		,687			
25) El programa desarrolla contenidos de áreas transversales, como la Educación para la Paz, Educación para la Salud, etc.		,684			
24) El programa fomenta el rendimiento académico de los escolares		,660			

23) El programa promueve la transferencia de contenidos a otras áreas del currículo		,590		
14) Los padres/madres de los escolares participan en el buen desarrollo del programa		,705		
36) El monitor deportivo tiene buena relación con los padres/madres de los alumnos/as		,595		
6) Las expectativas creadas por el programa coinciden con la realidad		,572		
7) El Consejo Escolar realiza un seguimiento y evaluación del programa con objeto de valorar la eficacia del mismo		,562		
15) Los padres/madres valoran la participación de sus hijos en el programa igual que lo harían en un club deportivo privado		,543		
58) El estado general de conservación del equipamiento deportivo es aceptable			,856	
57) El estado general de conservación de las instalaciones deportivas es aceptable			,790	
53) El material deportivo disponible resulta adecuado			,778	
54) Las instalaciones deportivas se han mejorado debido al programa			,665	
56) El programa debe organizar actividades deportivas relacionadas con la naturaleza				,760
55) Es conveniente ofertar otras actividades deportivas				,716
30) Las Delegaciones Provinciales deberían programar durante el curso actividades y jornadas de formación para Coordinadores				,647
50) Las Delegaciones Provinciales deben programar durante el curso escolar actividades para mejorar la formación de los monitores deportivos				,593
52) Debe ser un especialista de Educación Física el encargado de las funciones del monitor deportivo				,388

Factor 1: Formación del Monitor/Técnico Deportivo
Factor 2: Programa vs Educación Física vs Currículo
Factor 3: Agentes implicados (Padres/Madres-Centro Escolar-Monitor deportivo)
Factor 4: Material, Equipamiento e Instalaciones Deportivas
Factor 5: Acerca del Futuro del Programa

La fiabilidad del diseño se refiere a la constancia para captar la relación entre las variables. En consecuencia, la fiabilidad se favorece si se eligen valores adecuados en las variables, se aplican convenientemente y se mide con precisión. La fiabilidad del instrumento depende, en primer lugar, de su exactitud o precisión, y en segundo lugar, de su objetividad, lo que indica que los resultados obtenidos en su utilización son fundamentalmente independientes del investigador que se sirve del instrumento (Mayntz, Holm y Hübner, 2005). Estos mismos autores establecen que un instrumento es fiable en la medida en que su repetida utilización -incluso por investigadores diferentes-, produce bajo las mismas circunstancias los mismos resultados. De manera correspondiente, los resultados obtenidos con ayuda de un determinado instrumento de investigación son fiables si son independientes de la persona del investigador que los ha establecido y otros azares de la situación en que fueron obtenidos. Para Del Rincón et al (1995), un instrumento es fiable cuando aplicado varias veces en circunstancias similares permite obtener medidas consistentes, es decir, se espera que los resultados sean los mismos, siempre que el grupo no se modifique.

Si un instrumento no es fiable, su validez resultará discutible de antemano; por consiguiente, validez presupone siempre fiabilidad, aunque no basta la fiabilidad de un instrumento para garantizar la validez del mismo si se han elegido indicadores erróneos, pues ni siquiera la máxima fiabilidad de su medición puede cambiar que los resultados carezcan de validez.

El índice de fiabilidad, como se puede observar en la tabla 11, que se obtuvo aplicándolo a nivel global calculado a través del estadístico Alpha de Cronbach (α), ha sido de .835, muy por encima del mínimo deseable (.70).

Tabla 11. Fiabilidad general

Alfa de Cronbach	N° de elementos
,835	30

En la tabla 12 se muestran los valores de fiabilidad que se obtendrían al eliminar un ítem determinado. Observamos que los valores más altos de fiabilidad que se alcanzan corresponden a los ítems 23, 25 y 30 (.840, .844 y .841), con valores prácticamente iguales al global, por lo que no merece la pena eliminar ninguno de los ítems propuestos.

Tabla 12. Fiabilidad general si se elimina el elemento

	Media de la escala si se elimina el elemento	Varianza de la escala si se elimina el elemento	Correlación elemento-total corregida	Alfa de Cronbach si se elimina el elemento
1) Considero adecuada la cualificación pedagógica del monitor deportivo	109,28	118,624	,499	,824
2) Considero adecuada la cualificación técnica del monitor deportivo	109,13	121,062	,380	,829
3) El monitor deportivo fomenta y cuida la formación en valores	108,92	120,415	,634	,823
4) El monitor deportivo participa de forma activa en la formación integral de los escolares	109,02	120,348	,579	,824
5) El monitor deportivo atiende a las normas de seguridad en la práctica de las actividades físico-deportivas	109,05	120,484	,566	,824
6) El monitor deportivo planifica las sesiones en función del nivel de los escolares y de los objetivos que persigue	109,20	117,119	,607	,821
7) Considero que el monitor deportivo está suficientemente formado en caso de accidente deportivo de alguno de los escolares	109,71	116,535	,539	,822
8) El monitor deportivo refuerza los comportamientos positivos y corrige los negativos	108,84	122,572	,580	,826
9) El monitor deportivo fomenta la participación de todos los alumnos/as	109,08	120,599	,500	,825
10) El monitor deportivo favorece la integración de los escolares con Necesidades Específicas	109,20	120,527	,547	,824
11) El programa contribuye al desarrollo de las Competencias Básicas que establece el área de la Educación Física	108,82	122,265	,437	,827
12) Existe conexión entre el programa y el área de la Educación Física	108,86	121,006	,428	,827
13) El programa favorece la consecución de los objetivos previstos en el área de la Educación Física	108,80	122,330	,465	,827
14) El programa desarrolla contenidos de áreas transversales, como la Educación para la Paz, Educación para la Salud, etc.	108,82	126,216	,205	,834
15) El programa fomenta el rendimiento académico de los escolares	109,59	123,191	,349	,830

16) El programa promueve la transferencia de contenidos a otras áreas del currículo	109,33	120,419	,460	,826
17) Los padres/madres de los escolares participan en el buen desarrollo del programa	109,77	122,480	,335	,830
18) El monitor deportivo tiene buena relación con los padres/madres de los alumnos/as	109,02	121,625	,484	,826
19) Las expectativas creadas por el programa coinciden con la realidad	109,75	120,412	,389	,828
20) El Consejo Escolar realiza un seguimiento y evaluación del programa con objeto de valorar la eficacia del mismo	109,98	123,190	,237	,834
21) Los padres/madres valoran la participación de sus hijos en el programa igual que lo harían en un club deportivo privado	110,04	122,091	,299	,832
22) El estado general de conservación del equipamiento deportivo es aceptable	109,64	121,640	,296	,832
23) El estado general de conservación de las instalaciones deportivas es aceptable	109,84	125,199	,127	,840
24) El material deportivo disponible resulta adecuado	109,73	122,266	,257	,834
25) Las instalaciones deportivas se han mejorado debido al programa	110,67	127,024	,055	,844
26) El programa debe organizar actividades deportivas relacionadas con la naturaleza	108,88	124,210	,277	,832
27) Es conveniente ofertar otras actividades deportivas	108,82	127,225	,106	,837
28) Las Delegaciones Provinciales deberían programar durante el curso actividades y jornadas de formación para Coordinadores	108,86	125,290	,234	,833
29) Las Delegaciones Provinciales deben programar durante el curso escolar actividades para mejorar la formación de los monitores deportivos	108,67	125,814	,246	,833
30) Debe ser un especialista de Educación Física el encargado de las funciones del monitor deportivo	109,00	129,013	,012	,841

El Alpha de Cronbach (α) obtenido factor a factor se muestra en la tabla 13, estando éstos por encima del mínimo deseable (.70), excepto los factores 3 y 5, muy próximos a éste con 0.665 y .637, algo muy normal en una escala pero sin restar fuerza a los resultados por las mínimas diferencias obtenidas.

Tabla 13. Fiabilidad factor a factor

	Factor Nº 1	Factor Nº 2	Factor Nº 3	Factor Nº 4	Factor Nº 5
Alpha de Cronbach (α)	.890	.817	.665	.789	.637

6.5.1.2.2.1. Análisis de correlación

Los análisis realizados atendieron a un nivel de significación estadística de .05. Los estadísticos descriptivos (media y desviación típica) de las cinco dimensiones se aprecian en la tabla 14.

Tabla 14. Estadísticos descriptivos (Media y Desviación Típica)

Dimensiones	Media	Desviación típica	N
1. Formación del Monitor/Técnico deportivo	39,03	5,943	153
2. Programa vs Área de la Educación Física vs Currículo	24,06	3,504	153
3. Agentes implicados (Padres/Madres-Centro Escolar-Monitor deportivo)	16,67	3,208	153
4. Material, Equipamiento e Instalaciones Deportivas	12,30	3,751	153
5. Acerca del futuro del Programa	20,99	2,729	153

Como observamos en la tabla 15, se obtuvieron correlaciones positivas y estadísticamente significativas entre la formación del monitor/técnico deportivo y el Programa vs área de la Educación Física vs Currículo ($r = .36$, $p < .01$), así como esta misma dimensión con los agentes implicados (padres/madres-centro escolar-monitor deportivo) ($r = .47$, $p < .01$). Igualmente, se obtuvieron correlaciones positivas y estadísticamente significativas entre los agentes implicados (padres/madres-centro escolar-monitor deportivo) y el Programa vs área de la Educación Física vs Currículo ($r = .25$, $p < .01$) y entre esta última dimensión y acerca del futuro del Programa ($r = .17$, $p < .05$).

Tabla 15. Matriz de correlaciones bivariadas de Pearson para las distintas medidas empleadas en el estudio

	(F1)	(F2)	(F3)	(F4)	(F5)
Formación del Monitor/Técnico deportivo (F1)	1	,361(**)	,471(**)	,055	,148
Programa vs Área de la Educación Física vs Currículo (F2)		1	,255(**)	,041	,176(*)
Agentes implicados (Padres/Madres-Centro Escolar-Monitor deportivo) (F3)			1	,012	,090
Material, Equipamiento e Instalaciones Deportivas (F4)				1	-,072
Acerca del futuro del Programa (F5)					1

6.6. POBLACIÓN Y MUESTRA

El universo de estudio lo compone los coordinadores encargados del Programa "El Deporte en la Escuela" en Andalucía. La población a estudiar en esta investigación está formada por estos coordinadores a nivel provincial (164), y la muestra seleccionada elegida de esta población se considera representativa en la medida en que se puede generalizar. En este caso, toda la unidad de la población de estudio posee las mismas oportunidades que cualquier otro coordinador de ser seleccionado, por lo que evitamos el sesgo, debido a que hay una alta probabilidad de que todas las características de la población estén representadas en la muestra. Por consiguiente, hemos optado por un muestreo probabilístico, que cumple el principio de equiprobabilidad, es decir, todos los coordinadores del Programa de la provincia tienen la misma posibilidad de salir elegidos en la muestra. En concreto, se ha llegado a la totalidad de la población, recopilándose un total de 157 cuestionarios, de los cuales se han desestimado 4 por no responder a la variable nominal relativa al género; por consiguiente, se recogen 153 cuestionarios, lo que representa un 93,29% del total de la población, siendo una muestra suficientemente representativa para cumplir con los objetivos planteados en la investigación.

En la tabla 16 se incluye un resumen de los Centros de Educación Primaria, Secundaria y Residencias Escolares incluidos en el Programa desde su inicio en el curso escolar 2006-2007 hasta el momento de esta investigación (2008-2009). Véase anexo 1 (desarrollo de la tabla 16).

Tabla16 y gráfico4: Resumen de centros educativos incluidos en el Programa El Deporte en la Escuela por tipología de enseñanza y desde el comienzo de su implantación (curso escolar 2006-2007) – Situación actual. (Extraído de SÉNECA1)

Centros Educativos	Inicio Curso Escolar			
	2006 – 2007	2007 – 2008	2008 – 2009	TOTAL
Primaria	48	21	41	110
Secundaria	21	20	11	52
Residencias Escolares	2	0	1	3
	71	41	53	165

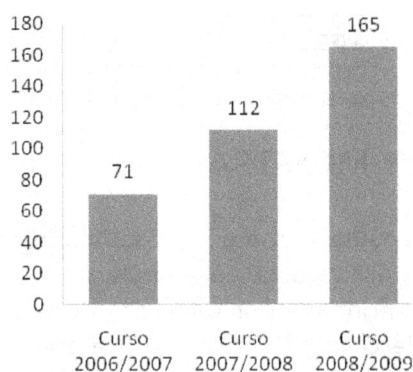

A comienzo del curso escolar 2008-2009 estaban incluidos en el Programa 165 centros, de los cuales, el IES Pedro Pablo López de los Arcos de la localidad de Ibros, no está presente durante este año debido a la falta de alumnos para formar grupos.

Por tipología de centro, observamos que ha decaído la participación en Secundaria a lo largo de los tres cursos. En Primaria, se nota una disminución en el curso 07/08 y un aumento durante el último curso escolar 08/09.

La tabla nos muestra que ha decaído el número de inscripciones en el Programa al inicio del curso 2007-2008. Incluyendo el IES mencionado, nos encontramos con una participación por cursos de 71 centros durante el curso 2006-2007, 41 en el curso 2007-2008 y 53 en 2008-2009.

Durante el curso 2008/2009 existe un total de 203 centros públicos de Educación Primaria (incluidos los centros semi-d), 87 de Educación Secunda-

---

[1] https://www.juntadeandalucia.es/educacion/seneca/seneca/jsp/pag_inicio800.html

ria y 5 Residencias Escolares. Nos encontramos con 35.773 alumnos matriculados en Primaria, 25.268 en Secundaria y 592 en Residencias.

Comparando los 164 centros incluidos en el Programa por tipología de enseñanza con el total de centros públicos de Jaén y provincia (203 de Primaria, 87 de Secundaria y 5 Residencias), tenemos 110 centros de Primaria, lo que representa una participación sobre el total de centros de un 54,19%, 51 de Secundaria con un 58,62%, y 3 Residencias con un 60%.

En las tablas 17 a 22 se muestra un resumen del número de centros públicos de Jaén y provincia por tipología de enseñanza y número de alumnos por cursos y totales y los alumnos incluidos en el Programa por género y porcentajes (datos extraídos de SÉNECA2). (Véanse desarrolladas en el capítulo Anexos).

Tabla 17: CENTROS PÚBLICOS Y NÚMERO DE ALUMNOS MATRICULADOS EN EDUCACIÓN PRIMARIA (INCLUÍDOS SEMI-D) POR CURSOS EN LA PROVINCIA DE JAÉN DURANTE EL CURSO ACADÉMICO 2008 – 2009.

Total Centros Públicos de E.P.	Alumnos matriculados								
	1º EP	2º EP	3º EP	4º EP	5º EP	6º EP	1º ESO	2º ESO	Total alumnos
203	5.143	5.532	5.509	6.121	5.522	6.041	959	946	**35.773**

Tabla 18: CENTROS PÚBLICOS Y NÚMERO DE ALUMNOS MATRICULADOS EN EDUCACIÓN SECUNDARIA OBLIGATORIA POR CURSOS EN LA PROVINCIA DE JAÉN DURANTE EL CURSO ACADÉMICO 2008 – 2009

Total Centros Públicos de Secundaria	Alumnos matriculados				
	1º ESO	2º ESO	3º ESO	4º ESO	Total alumnos/as
87	6.169	6.481	6.771	5.847	**25.268**

---

[2] https://www.juntadeandalucia.es/educacion/seneca/seneca/jsp/pag_inicio800.html

Tabla 19: *RESIDENCIAS ESCOLARES Y NÚMERO DE ALUMNOS MATRICULADOS EN LA PROVINCIA DE JAÉN DURANTE EL CURSO ACADÉMICO 2008 – 2009*

Código del Centro	Centro	Localidad	Alumnos matriculados
23005098	Residencia Simeón Oliver	Alcalá la Real	90
23001019	Residencia Valparaiso	Beas de Segura	120
23700177	Residencia La Granja	Marmolejo	90
23003570	Residencia Mirasierra	Santiago de la Espada	112
23005104	Residencia Bellavista	Villanueva del Arzobispo	180

TOTAL ALUMNOS/AS   592

Tabla 20: *ALUMNOS MATRICULADOS EN LOS CENTROS DE EDUCACIÓN PRIMARIA INSCRITOS EN EL PROGRAMA Y SU COMPARATIVA CON LOS ALUMNOS PARTICIPANTES Y GÉNERO DURANTE EL CURSO ACADÉMICO 2008 – 2009*

Alumnos matriculados	Alumnos inscritos en el Programa	% participación	Participación por género			
			NIÑOS	% niños	NIÑAS	% niñas
23.300	10.432	44,77%	6.582	63,09%	3.850	36,91%

Atendiendo a esta tabla, nos encontramos con 10.432 alumnos de Primaria en el Programa, lo que representa una participación sobre el total de los alumnos matriculados en Educación Primaria (35.773) de un 29,16%. Con respecto al total de alumnos matriculados en los centros participantes (23.300), observamos una participación de un 44,77%. En cuanto al género, vemos una participación de un 63,09% de niños, frente al 36,91% de niñas, refrendando numerosos estudios que indican una mayor participación deportiva en el género masculino.

Tabla 21: *ALUMNOS MATRICULADOS EN LOS CENTROS DE EDUCACIÓN SECUNDARIA INSCRITOS EN EL PROGRAMA Y SU COMPARATIVA CON LOS ALUMNOS PARTICIPANTES Y GÉNERO DURANTE EL CURSO ACADÉMICO 2008 – 2009.*

Alumnos matriculados	Alumnos inscritos en el Programa	% participación	Participación por género			
			NIÑOS	% niños	NIÑAS	% niñas
16.030	3.929	24,51%	2.632	66,99%	1.297	33,01%

Atendiendo a esta tabla, nos encontramos con 3.929 alumnos de Secundaria en el Programa, lo que representa una participación sobre el total de los alumnos matriculados en Educación Secundaria (25.268) de un 15,55%. Con respecto al total de alumnos matriculados en los centros participantes (16.030), observamos una participación de un 24,51%, en ambos casos, muy por debajo de la participación en Educación Primaria (29,16% y 44,77% respectivamente). Atendiendo al género, observamos una participación de un 66,99% de alumnos, frente al 33,01% de alumnas, muy similar al establecido en Primaria (63,09% y 36,91%, respectivamente).

Tabla 22: *ALUMNOS DE RESIDENCIAS ESCOLARES PARTICIPANTES EN EL PROGRAMA POR CENTROS Y GÉNERO DURANTE EL CURSO ACADÉMICO 2008 – 2009*

Alumnos matriculados	Alumnos inscritos en el Programa	% participación	Participación por género			
			NIÑOS	% niños	NIÑAS	% niñas
382	215	56,28%	139	64,65%	76	35,35%

En Residencias Escolares hay 215 alumnos inscritos en el Programa, con una participación del 36,32% sobre el total de alumnos matriculados en las 5 Residencias (592). La participación en cuanto al número de alumnos participantes y los matriculados en las 3 Residencias observamos un 56,28%. En cuanto al género, sigue siendo parecido a la participación en Primaria y Secundaria, con un 64,65% masculino y un 35,35% femenino.

6.6.1. Procedimiento.

Al tratar el tema de la aplicación del cuestionario, se tiene presente que el tiempo máximo de duración no sobrepase los 25 minutos, y se invita a participar en este estudio a todos los Coordinadores del Programa en la provincia de Jaén (164). La tarea de recogida de datos e información se hace de manera que tenga en cuenta las exigencias del método científico (Ander-egg, 2003):

- Debe ser sistemática y organizada.
- Con clara y deliberada explicitación de sus propósitos.
- Asegurando garantías de fiabilidad y validez.
- Escogiendo aquellas técnicas o procedimientos más pertinentes de acuerdo con la naturaleza de aquello que se quiere estudiar y el tipo de información que se desea obtener.

Ketele y Roegiers (1993), define el procedimiento de recogida de datos como el proceso organizado que se efectúa para obtener información a partir de fuentes múltiples, con el propósito de pasar de un nivel de conocimiento o de representación de una situación dada a otro nivel de conocimiento o representación de la misma situación en el marco de una acción deliberada, cuyos objetivos han sido claramente definidos y que proporcionan garantías suficientes de validez.

Para ello, se han utilizado las siguientes formas como proceso de recogida de información:

a. Con motivo de la celebración de las Jornadas sobre Reflexiones y Evaluación del Programa El Deporte en la Escuela realizadas por la Delegación Provincial de Educación de Jaén en los distintos CEPs de la provincia, para Coordinadores del Programa, se administra de manera directa y personalmente, estando el entrevistador presente y existiendo interacción con el entrevistado. Se recoge un total de 64 cuestionarios. Como ventajas de este tipo de recogida de datos, y siguiendo a Díaz de Rada (2002), es posible la representatividad, es decir la posibilidad de acceder a toda la población. En cuanto a la calidad de la información recogida, destacamos como ventajas la reducción del número de respuestas evasivas, el conocimiento de la identidad de la persona que responde, la posibilidad de limitar la influencia de otras personas en las respuestas, etc., a lo que hay que añadir la alta calidad en la contestación del cuestionario, debido a la posibilidad de obtener muy pocas preguntas sin contestar
b. Por correo electrónico a 21 Coordinadores con los que existe amistad con el investigador.
c. Al resto de los Coordinadores que aún quedaban por participar, por correo ordinario a través de una carta de presentación del Jefe

de Servicio de Ordenación Educativa de la Delegación Provincial de Educación, en la que se le rogaba su participación en el estudio. Respondieron al cuestionario un total de 72 de los 79 restantes. De éstos, se desestiman 4 al no haber contestado a la totalidad del cuestionario y haber dejado la variable nominal relativa al género sin contestar.

6.7. VARIABLES NOMINALES

A continuación se analizan cada una de las preguntas de la investigación referidas a las variables nominales o datos de los coordinadores, mediante el programa informático-estadístico SPSS 15.0 para Windows.

6.7.1. Área de contenido: Datos Coordinadores.

Se han obtenido los siguientes datos en las variables género, tipo de localidad, tipología de centro, es maestro/profesor del centro y es especialista en el área de la Educación Física.

Pregunta 1 (P1). Tabla 23 y gráfico 5. Género

	Frecuencia	Porcentaje
Hombre	112	73,2
Mujer	41	26,8
Total	153	100,0

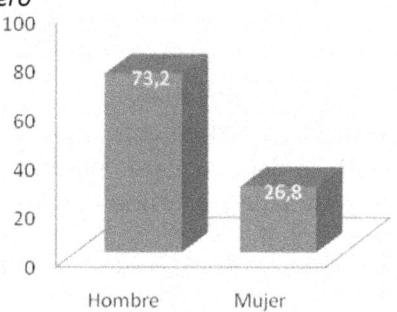

Nos encontramos con una mayor participación en la coordinación del Programa por parte de docentes de género masculino. Los coordinadores abarcan el 73,2% de la población total, frente al 26,8% de coordinadoras.

P2. Tabla 24 y gráfico 6. Coordina usted el Programa en un centro urbano o rural (Tipo localidad)

	Frecuencia	Porcentaje
Urbano	82	53,6
Rural	71	46,4
Total	153	100,0

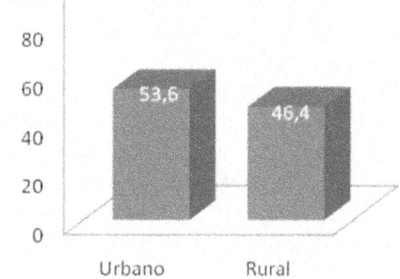

Atendiendo al tipo de localidad, en la que hemos establecido como centro urbano las localidades con más de 10.000 habitantes, el Programa se desarrolla en estas localidades con un 53,6%, similar a los centros participantes en zonas rurales.

P3. Tabla 25 y gráfico 7. Centro Educativo según Tipología de Enseñanza

	Frecuencia	Porcentaje
Primaria	103	67,3
Secundaria	47	30,7
Residencia Escolar	3	2,0
Total	153	100,0

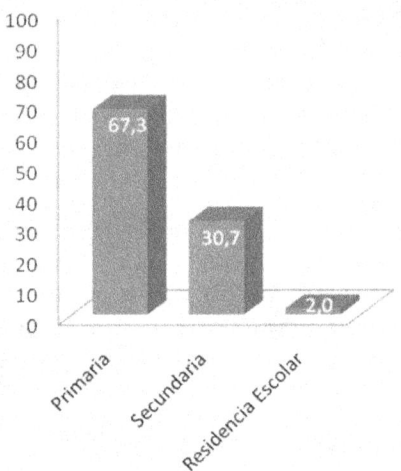

Esta tabla nos muestra una participación en el cuestionario muy alta, que coincide prácticamente con el total de los centros inscritos en el Programa. Recordemos que se incluyen en el Programa 110 centros de Primaria, 52 de Secundaria y 3 Residencias.

P4. Tabla 26 y gráfico 8. Es maestro/profesor del centro

	Frecuencia	Porcentaje
Sí	149	97,4
No	4	2,6
Total	153	100,0

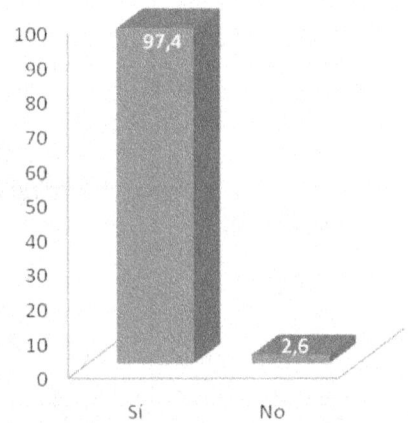

Existen 4 coordinadores que no son docentes (2,6%), debido a que nos encontramos con centros en los que no hay compromiso por parte de ningún docente para realizar la función de coordinador del Programa, realizando estas funciones una persona externa al centro.

P5. Tabla 27 y gráfico 9. Imparte la asignatura de Educación Física

		Frecuencia	Porcentaje
Válidos	Sí	114	74,5
	No	35	22,9
	Total	149	97,4
Perdidos	Sistema	4	2,6
Total		153	100,0

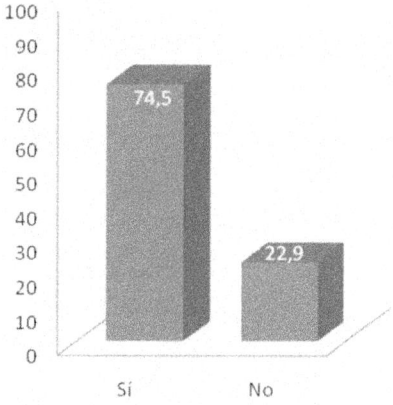

Debido a los 4 coordinadores que no son docentes, nos encontramos en esta variable con 149 maestros/profesores del centro, de los cuales un 74,5% imparten el área de la Educación Física. El resto de los docentes (22,9%) han tenido que hacerse cargo de la coordinación del Programa al ceder el especialista en el área.

Capítulo 7
ACERCAMIENTO A LA REALIDAD. RECOGIDA Y ANÁLISIS DE RESULTADOS

A continuación se analizan cada una de las variables de la investigación mediante el programa informático-estadístico SPSS 15.0 para Windows. Se establecen 3 apartados, el primero de ellos relativo al análisis de las características generales del programa, un segundo apartado hace referencia a la valoración global que hacen del Programa, y por último, el que concierne al análisis de cada uno de los ítems que conforman las cinco dimensiones de la escala. Finalmente, se cruzarán las variables por medio de las tablas de contingencia.

7.1. ANÁLISIS DE LAS VARIABLES.

7.1.1. Análisis de resultados de las características generales del Programa en cada Centro.

P6. Tabla 28 y gráfico 10. Años coordinando el Programa

	Frecuencia	Porcentaje
1 año	71	46,4
2 años	46	30,1
3 años	36	23,5
Total	153	100,0

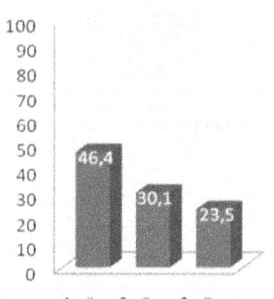

Estos datos nos muestran que ha habido coordinadores que han abandonado el Programa. Si comparamos estos datos con los de la tabla nº 1 (Centros educativos incluidos en el Programa por cursos académicos), observamos que durante el curso 2008-2009 se inscribieron 53 nuevos centros, frente a los 71 sujetos que han respondido que coordinan el Programa durante este curso, lo cual nos indica que actualmente están los coordinadores de los nuevos centros (53) más 18 que se han ocupado de la coordinación de centros ya inscritos en los dos cursos anteriores. Igualmente, durante el primer curso de la implantación del Programa, se registraron 71 centros, lo que implica que hubiera un número igual o parecido de coordinadores con tres años de coordinación; sin embargo, este número según la participación en el cuestionario ha descendido a 36 sujetos, lo que indica que han abandonado aproximadamente 35 (49,29%) de los 71 coordinadores que comenzaron el programa.

P7. Tabla 29 y gráfico 11. Días destinados al Programa

	Frecuencia	Porcentaje
1 día	1	,7
2 días	29	19,0
3 días	15	9,8
4 días	80	52,3
5 días	28	18,3
Total	153	100,0

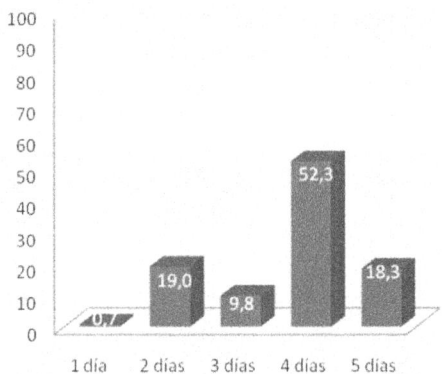

La mayor parte de los centros (70,6%) ha fijado 4 o 5 días a la semana para el desarrollo del Programa.

P8. Tabla 30 y gráfico 12. Deportes que se ofertan en mi centro

	Frecuencia	Porcentaje
Fútbol-sala	149	97,38
Baloncesto	130	84,97
Balonmano	60	39,21
Voleibol	96	62,74
Atletismo	117	76,47
Ajedrez	114	74,50
Bádminton	15	9,80
Tenis de mesa	10	6,53
Multideporte	6	3,92
Otros	16	10,45

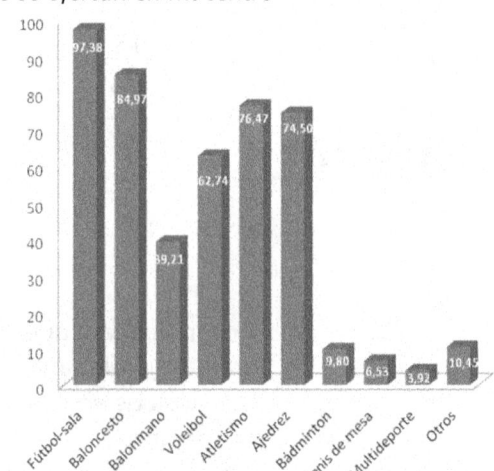

OTROS: Jockey, aeróbic, tenis, juegos populares, bolos serranos, juegos base, juegos alternativos, baile, steep.

A pesar de que el Programa oferta 6 deportes (cuatro colectivos - fútbol sala, baloncesto, balonmano y voleibol - y 2 individuales - atletismo y ajedrez -), los centros ofrecen otros deportes. El deporte más practicado, tal y como corroboran numerosos estudios, sigue siendo el fútbol sala (97,38%), seguido del baloncesto (84,97%), atletismo (76,47%), ajedrez (74,50%) y voleibol (62,74%), mientras que el resto de los deportes se encuentran más alejados en el porcentaje de participación.

P9. Tabla 31 y gráfico 13. *El Deporte en la Escuela se gestiona en mi Centro Educativo*

	Frecuencia	Porcentaje
Empresa privada	143	93,5
Ayuntamiento	7	4,6
AMPA	1	,7
Empresa privada y Ayuntamiento	2	1,3
Total	153	100,0

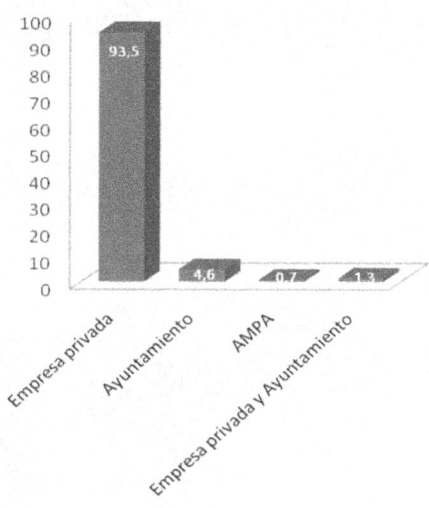

La mayor parte de los centros (93,5%) se encuentran gestionados por las empresas privadas encargadas de los contratos de los propios monitores deportivos.

P10. Tabla 32 y gráfico 14. *Participa en competiciones externas*

	Frecuencia	Porcentaje
Sí	104	68,0
No	49	32,0
Total	153	100,0

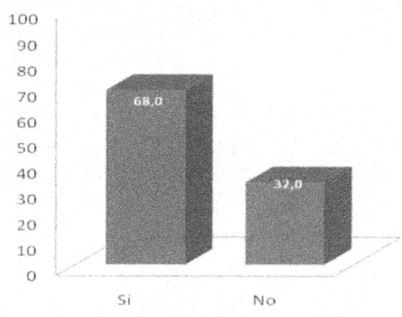

El 68 % de los centros participa en competiciones externas, mientras que el resto de los centros (32%) prefiere que sus alumnos no rivalicen entre sí.

P11. Tabla 33 y gráfico 15. Quién organiza las competiciones externas

	Frecuencia	Porcentaje
Ayuntamiento	47	45,19
Diputación	31	29,80
Empresa privada	26	25,00
Competiciones intercentros	21	20,19
Federaciones deportivas andaluzas	10	9,61
Otros	19	18,27

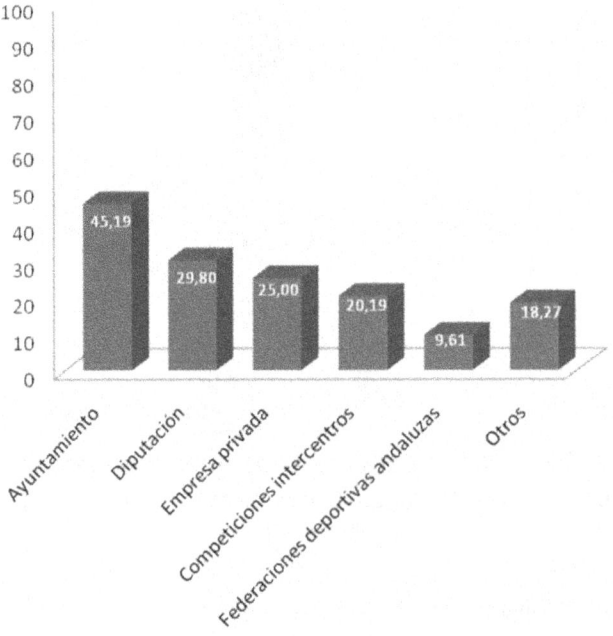

OTROS: Asociación Andaluza de Fútbol-Sala, Encuentros Deportivos Residencias Escolares de Andalucía, Ocio Mágina, Club Atletismo Caja Jaén, AMPA, Universidad, Delegación de Educación, Encuentros Deportivos Escolares de Andalucía, GAB Jaén, Club Ajedrez La Torre.

De los 104 centros que participan en competiciones, 78 de ellos (75%) intervienen en las organizadas por los Ayuntamientos y Diputaciones, independientemente de la participación en otras competiciones que son organizadas por las empresas privadas que gestionan los centros (25%), por los propios centros (20,19%), por Federaciones Andaluzas (9,61%) y otras entidades, además de los organizados por las Consejerías de Deportes y Turismo y Educación (EDREA y EDEA).

P12. Tabla 34 y gráfico 16. Deportes con los que ha participado en estas competiciones

	Frecuencia	Porcentaje
Fútbol-sala	95	91,34
Baloncesto	59	56,73
Atletismo	49	47,11
Voleibol	28	26,92
Ajedrez	28	26,92
Balonmano	20	19,23
Tenis de mesa	7	6,73
Bádminton	4	3,84
Otros (baile)	1	.96

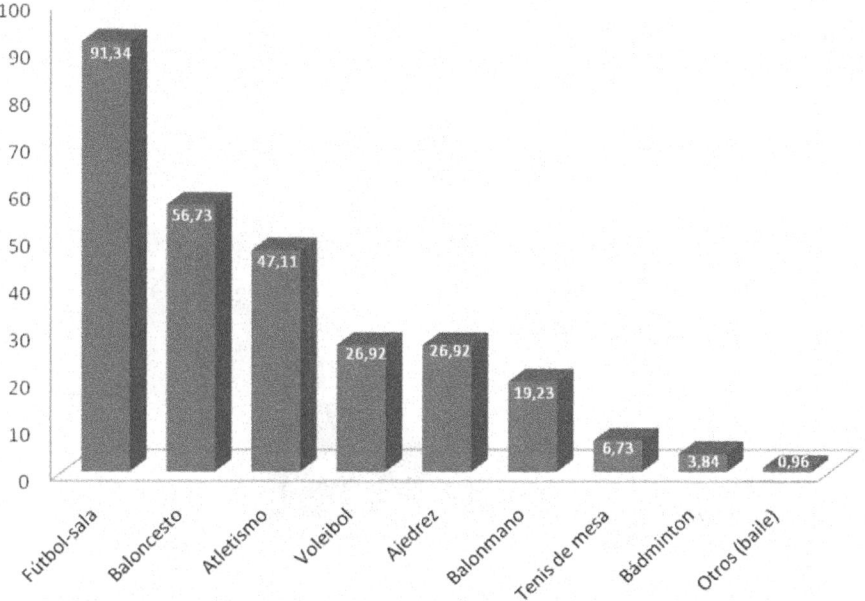

En las competiciones, sigue siendo el fútbol-sala el deporte más habitual con un 91,34%, seguido en el mismo orden por los deportes que más practican nuestros alumnos (baloncesto - 56,73% -, atletismo - 47,11% -, y voleibol y ajedrez con el mismo porcentaje - 26,92% -).

7.1.2. Área de contenido: Valoración global del Programa

Se ha considerado incluir en el cuestionario una pregunta relativa a la valoración global que los coordinadores declaran manifestar sobre el Programa, con el fin de poder comparar posteriormente con los ítems establecidos en la escala. Los valores de esta variable se ha definido en función de la estimación general que los coordinadores les dan en una puntuación de 1 a 100, siendo el aprobado una calificación de 50 puntos.

P13. Tabla 35 y gráfico 17. Evalúe globalmente el Programa El Deporte en la Escuela

	Frecuencia	Porcentaje
0 y <1	0	0
1 y <2	1	,7
2 y <3	0	0
3 y <4	4	2,6
4 y <5	12	7,8
5 y <6	13	8,5
6 y <7	33	21,6
7 y <8	48	31,4
8 y <9	32	20,9
9 y <10	10	6,5
Total	153	100,0

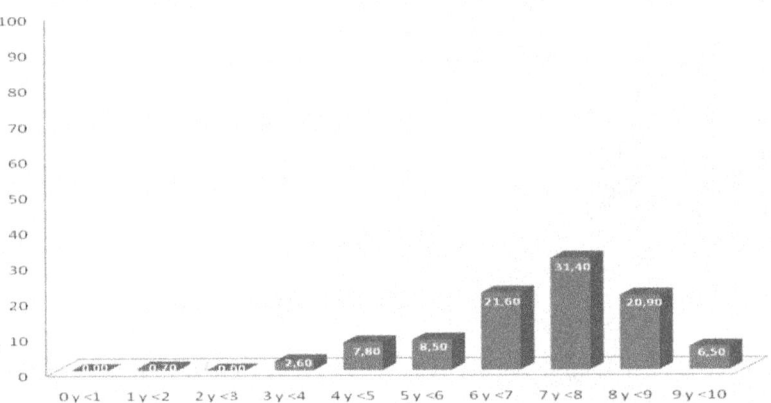

Analizando estos datos, observamos que el 88,9% de los coordinadores aprueban el funcionamiento y desarrollo del Programa, mientras que el 11,1% opina lo contrario.

7.1.3. Variables que conforman la escala según dimensiones

Las escalas se estudian mediante la frecuencia y su porcentaje (número de veces que se repite cada uno de los valores de la variable), media (suma de todas las puntuaciones dividida por el número de puntuaciones), mediana (valor por debajo del cual se encuentra el 50% de los casos), mínimo y máximo (valor más pequeño y más grande), y desviación típica (mide el grado en que las puntuaciones de la variable se alejan de su media).

7.1.3.1. Dimensión 1: Formación del monitor/técnico deportivo

Para las variables que conforman este factor N 1, se han obtenido los datos mostrados en las tablas 36 y 37.

Tabla 36. Estadísticos descriptivos para las variables correspondientes a la dimensión Nº 1: Formación del monitor/técnico deportivo

	Media	Mediana	Desviación típica	Mínimo	Máximo
1) Considero adecuada la cualificación pedagógica del monitor deportivo	3,76	4	0,978	1	5
2) Considero adecuada la cualificación técnica del monitor deportivo	3,92	4	0,980	1	5
3) El monitor deportivo fomenta y cuida la formación en valores	4,12	4	0,672	2	5
4) El monitor deportivo participa de forma activa en la formación integral de los escolares	4,03	4	0,734	2	5
5) El monitor deportivo atiende a las normas de seguridad en la práctica de las actividades físico-deportivas	3,99	4	0,739	1	5
6) El monitor deportivo planifica las sesiones en función del nivel de los escolares y de los objetivos que persigue	3,85	4	0,930	1	5
7) Considero que el monitor deportivo está suficiente formado en caso de accidente deportivo de alguno de los escolares	3,33	3	1,076	1	5
8) El monitor deportivo refuerza los comportamientos positivos y corrige los negativos	4,21	4	0,570	2	5
9) El monitor deportivo fomenta la participación de todos los alumnos/as	3,97	4	0,814	1	5
10) El monitor deportivo favorece la integración de los escolares con Necesidades Específicas	3,85	4	0,759	1	5

Tabla 37. Frecuencias y porcentajes para las variables correspondientes a la dimensión Nº 1: Formación del monitor/técnico deportivo

	Totalmente en desacuerdo		En desacuerdo		Indiferente		De acuerdo		Totalmente de acuerdo	
	f	%	f	%	f	%	f	%	f	%
1) Considero adecuada la cualificación pedagógica del monitor deportivo	3	2,0	18	11,8	23	15,0	77	50,3	32	20,9
2) Considero adecuada la cualificación técnica del monitor deportivo	4	2,6	14	9,2	14	9,2	80	52,3	41	26,8
3) El monitor deportivo fomenta y cuida la formación en valores	0	0,0	5	3,3	11	7,2	97	63,4	40	26,1
4) El monitor deportivo participa de forma activa en la formación integral de los escolares	0	0,0	6	3,9	21	13,7	89	58,2	37	24,2
5) El monitor deportivo atiende a las normas de seguridad en la práctica de las actividades físico-deportivas	1	0,7	6	3,9	18	11,8	96	62,7	32	20,9
6) El monitor deportivo planifica las sesiones en función del nivel de los escolares y de los objetivos que persigue	1	0,7	15	9,8	28	18,3	71	46,4	38	24,8
7) Considero que el monitor deportivo está suficientemente formado en caso de accidente deportivo de alguno de los escolares	6	3,9	32	20,9	41	26,8	53	34,6	21	13,7
8) El monitor deportivo refuerza los comportamientos positivos y corrige los negativos	0	0,0	1	,7	9	5,9	100	65,4	43	28,1
9) El monitor deportivo fomenta la participación de todos los alumnos/as	1	,7	5	3,3	32	20,9	75	49,0	40	26,1
10) El monitor deportivo favorece la integración de los escolares con Necesidades Específicas	1	0,7	1	0,7	48	31,4	73	47,7	30	19,6

Analizando los datos anteriores, se establece que:

* Un 71,2% y un 79,1% de los coordinadores considera que los monitores deportivos poseen una óptima cualificación pedagógica y técnica, respectivamente.
* Sólo un 3,3% piensa que el monitor deportivo no fomenta y cuida la formación en valores, y un 3,9% creen que no participan de forma activa en la formación integral de los escolares.
* El 83,6% opina que atienden a las normas de seguridad en la práctica de las actividades físico-deportivas, mientras que sólo un 48,3% piensa

que están suficientemente formados en caso de accidente deportivo de alguno de nuestros alumnos.
* Hay un 10,5% que consideran que no planifican las sesiones en función del nivel de los escolares y de los objetivos que persigue, y tan sólo un 0,7% expresan que no refuerzan en nuestros alumnos los comportamientos positivos y corrigen los negativos.
* Un 75,1% exponen que el monitor deportivo fomenta la participación de todos los alumnos/as, frente a un 4% que opina lo contrario, y un 20,9% que expresan indiferencia.
* Por último, un 67,3% estiman que el monitor favorece la integración de los escolares con Necesidades Específicas en la práctica de las actividades físico-deportivas.

7.1.3.2. Dimensión 2: Programa vs Área de la Educación Física vs Currículo

Para las variables que conforman el factor N 2, se han obtenido los datos que se detallan a continuación en las tablas 38 y 39.

Tabla 38. Estadísticos descriptivos para las variables correspondientes a la dimensión Nº 2: Programa vs Área de la Educación Física vs Currículo

	Media	Mediana	Desviación típica	Mínimo	Máximo
11) El programa contribuye al desarrollo de las Competencias Básicas que establece el área de la Educación Física	4,22	4	0,763	1	5
12) Existe conexión entre el programa y el área de la Educación Física	4,19	4	0,894	1	5
13) El programa favorece la consecución de los objetivos previstos en el área de la Educación Física	4,24	4	0,717	1	5
14) El programa desarrolla contenidos de áreas transversales, como la Educación para la Paz, Educación para la Salud, etc.	4,23	4	0,748	1	5
15) El programa fomenta el rendimiento académico de los escolares	3,46	4	0,819	1	5
16) El programa promueve la transferencia de contenidos a otras áreas del currículo	3,72	4	0,892	1	5

Tabla 39. Frecuencias y porcentajes para las variables correspondientes a la dimensión Nº 2: Programa vs Área de la Educación Física vs Currículo

	Totalmente en desacuerdo		En desacuerdo		Indiferente		De acuerdo		Totalmente de acuerdo	
	f	%	f	%	f	%	f	%	f	%
11) El programa contribuye al desarrollo de las Competencias Básicas que establece el área de la Educación Física	2	1,3	2	1,3	13	8,5	79	51,6	57	37,3
12) Existe conexión entre el programa y el área de la Educación Física	4	2,6	4	2,6	13	8,5	70	45,8	62	40,5
13) El programa favorece la consecución de los objetivos previstos en el área de la Educación Física	1	0,7	2	1,3	13	8,5	80	52,3	57	37,3
14) El programa desarrolla contenidos de áreas transversales, como la Educación para la Paz, Educación para la Salud, etc.	2	1,3	3	2,0	8	5,2	85	55,6	55	35,9
15) El programa fomenta el rendimiento académico de los escolares	3	2,0	12	7,8	61	39,9	66	43,1	11	7,2
16) El programa promueve la transferencia de contenidos a otras áreas del currículo	2	1,3	13	8,5	37	24,2	75	49,0	26	17,0

Analizando los datos anteriores, se obtiene sobre el Programa y su vinculación con el área de la Educación Física y el Currículo que:

* Casi la totalidad de los coordinadores (88,9%) creen que el Programa contribuye al desarrollo de las Competencias Básicas que establece el área de la Educación Física.
* Igualmente, un 86,3% opina que existe conexión con el área de la Educación Física, y un 89,6% piensa que favorece la consecución de los objetivos previstos en esta área.
* Prácticamente todos (91,5%) están de acuerdo en que desarrolla otros contenidos incluidos en las áreas transversales (Educación para la Paz, para la Salud, etc.).
* Respecto a si puede llegar a fomentar el rendimiento académico de nuestros alumnos, la mitad de los coordinadores (50,3%) opina a favor, frente a un 39,9% que expresan indiferencia.
* Un 8,5% considera que no promueve la transferencia de contenidos a otras áreas del currículo, frente a un 66% que opina que sí hay consonancia entre el Programa y el resto de las áreas.

7.1.3.3. Dimensión 3: Agentes implicados (Padres/Madres-Centro Escolar-Monitor deportivo)

Para las variables que conforman el factor N 3, se han obtenido los datos mostrados en las tablas 40 y 41.

Tabla 40. Estadísticos descriptivos para las variables correspondientes a la dimensión Nº 3: Agentes implicados (Padres/Madres-Centro Escolar-Monitor deportivo)

	Media	Mediana	Desviación típica	Mínimo	Máximo
17) Los padres/madres de los escolares participan en el buen desarrollo del programa	3,27	3	0,926	1	5
18) El monitor deportivo tiene buena relación con los padres/madres de los alumnos/as	4,03	4	0,752	2	5
19) Las expectativas creadas por el programa coinciden con la realidad	3,29	4	1,025	1	5
20) El Consejo Escolar realiza un seguimiento y evaluación del programa con objeto de valorar la eficacia del mismo	3,07	3	1,104	1	5
21) Los padres/madres valoran la participación de sus hijos en el programa igual que lo harían en un club deportivo privado	3,01	3	1,061	1	5

Tabla 41. Frecuencias y porcentajes para las variables correspondientes a la dimensión Nº 3: Agentes implicados (Padres/Madres-Centro Escolar-Monitor deportivo)

	Totalmente en desacuerdo		En desacuerdo		Indiferente		De acuerdo		Totalmente de acuerdo	
	f	%	f	%	f	%	f	%	f	%
17) Los padres/madres de los escolares participan en el buen desarrollo del programa	4	2,6	27	17,6	56	36,6	55	35,9	11	7,2
18) El monitor deportivo tiene buena relación con los padres/madres de los alumnos/as	0	0,0	1	,7	38	24,8	70	45,8	44	28,8
19) Las expectativas creadas por el programa coinciden con la realidad	3	2,0	43	28,1	25	16,3	70	45,8	12	7,8
20) El Consejo Escolar realiza un seguimiento y evaluación del programa con objeto de valorar la eficacia del mismo	14	9,2	38	24,8	33	21,6	60	39,2	8	5,2
21) Los padres/madres valoran la participación de sus hijos en el programa igual que lo harían en un club deportivo privado	9	5,9	49	32,0	36	23,5	50	32,7	9	5,9

Analizando los datos anteriores, se establece que:

* Menos de la mitad de los coordinadores (43,1%) exponen que los padres/madres se implican en el buen desarrollo del Programa, y un 74,6% considera que la relación entre éstos y el monitor deportivo es satisfactoria.
* La mitad de los coordinadores (53,6%) opinan que las expectativas creadas por el Programa coinciden con la realidad.
* Hay un 34% que expresa que el Consejo Escolar del centro no efectúa un seguimiento y evaluación del Programa con el fin de valorar su eficacia, frente a un 44,4% que opina que sí se implica en el desarrollo del mismo,
* Muy parecida ha sido la opinión relativa a si los padres/madres valoran la participación de sus hijos en el Programa igual que lo harían en un club deportivo privado, ya que un 38,6% opinan que sí valoran la participación, frente a un 37,9% que creen lo contrario, y un 23,5% que expresan indiferencia.

7.1.3.4. Dimensión 4: Material, Equipamiento e Instalaciones Deportivas

Para las variables que conforman el factor N 4, se han obtenido los datos mostrados en las tablas 42 y 43.

Tabla 42. Estadísticos descriptivos para las variables correspondientes a la dimensión Nº 4: Material, Equipamiento e Instalaciones Deportivas

	Media	Mediana	Desviación típica	Mínimo	Máximo
22) El estado general de conservación del equipamiento deportivo es aceptable	3,41	4	1,121	1	5
23) El estado general de conservación de las instalaciones deportivas es aceptable	3,20	4	1,232	1	5
24) El material deportivo disponible resulta adecuado	3,32	4	1,162	1	5
25) Las instalaciones deportivas se han mejorado debido al programa	2,37	2	1,272	1	5

Tabla 43. Frecuencias y porcentajes para las variables correspondientes a la dimensión Nº 4: Material, Equipamiento e Instalaciones Deportivas

	Totalmente en desacuerdo		En desacuerdo		Indiferente		De acuerdo		Totalmente de acuerdo	
	f	%	f	%	f	%	f	%	f	%
22) El estado general de conservación del equipamiento deportivo es aceptable	9	5,9	32	20,9	18	11,8	76	49,7	18	11,8
23) El estado general de conservación de las instalaciones deportivas es aceptable	15	9,8	39	25,5	18	11,8	62	40,5	19	12,4
24) El material deportivo disponible resulta adecuado	10	6,5	39	25,5	13	8,5	74	48,4	17	11,1
25) Las instalaciones deportivas se han mejorado debido al programa	51	33,3	37	24,2	33	21,6	21	13,7	11	7,2

Con respecto a los datos establecidos en estas tablas, se puede establecer que:

* Los coordinadores del Programa creen que el estado general de conservación del equipamiento y de las instalaciones deportivas es aceptable, con un 61,5% y un 52,9% respectivamente.
* Un 32% piensan que el material disponible resulta inadecuado, frente a 59,5% que exponen que con el material existente se pueden realizar correctamente las actividades físico-deportivas.
* Un dato importante es el registrado en la variable las instalaciones deportivas se han mejorado debido al Programa, ya que un 57,55% considera que no se han mejorado, frente a un 20,9% que creen que las instalaciones se han reformado, acondicionado, o ampliado.

7.1.3.5. Dimensión 5: Acerca del futuro del Programa

Para las variables que conforman el factor N 4, se han obtenido los datos mostrados en las tablas 44 y 45.

Tabla 44. Estadísticos descriptivos para las variables correspondientes a la dimensión Nº 5: Acerca del futuro del Programa

	Media	Mediana	Desviación típica	Mínimo	Máximo
26) El programa debe organizar actividades deportivas relacionadas con la naturaleza	4,16	4	0,854	2	5
27) Es conveniente ofertar otras actividades deportivas	4,22	4	0,905	1	5
28) Las Delegaciones Provinciales deberían programar durante el curso actividades y jornadas de formación para Coordinadores	4,18	4	0,815	1	5
29) Las Delegaciones Provinciales deben programar durante el curso escolar actividades para mejorar la formación de los monitores deportivos	4,37	4	0,706	1	5
30) Debe ser un especialista de Educación Física el encargado de las funciones del monitor deportivo	4,05	4	0,969	1	5

Tabla 45. Frecuencias y porcentajes para las variables correspondientes a la dimensión Nº 5: Acerca del futuro del Programa

	Totalmente en desacuerdo		En desacuerdo		Indiferente		De acuerdo		Totalmente de acuerdo	
	f	%	f	%	f	%	f	%	f	%
26) El programa debe organizar actividades deportivas relacionadas con la naturaleza	0	0.0	8	5,2	21	13,7	62	40,5	62	40,5
27) Es conveniente ofertar otras actividades deportivas	2	1,3	7	4,6	16	10,5	58	37,9	70	45,8
28) Las Delegaciones Provinciales deberían programar durante el curso actividades y jornadas de formación para Coordinadores	3	2,0	1	0,7	18	11,8	74	48,4	57	37,3
29) Las Delegaciones Provinciales deben programar durante el curso escolar actividades para mejorar la formación de los monitores deportivos	1	0,7	0	0,0	14	9,2	64	41,8	74	48,8
30) Debe ser un especialista de Educación Física el encargado de las funciones del monitor deportivo	2	1,3	10	6,5	26	17,0	56	36,6	59	38,6

Con respecto a la dimensión Acerca del futuro del Programa, se constituye que:

* Un porcentaje muy alto de coordinadores (81%) opinan que el Programa debe ofertar actividades deportivas relacionadas con la naturaleza.
* Un 83,7% creen que la oferta deportiva es reducida y que debería ofertarse otras actividades deportivas.
* Tan sólo un 2,7% expresan que no se deben programar durante el curso actividades y jornadas de formación para Coordinadores, frente a un 85,7% que opina que sería aconsejable esta formación.
* Igualmente, casi la totalidad de los coordinadores (90,6%) creen que también se debe programar esta formación para monitores deportivos.
* Por último, un 75,2% opina que las funciones del monitor deportivo debe realizarlas un especialista en el área de la Educación Física.

7.2. TABLAS DE CONTINGENCIA

De los 30 ítems que componen la escala, se han seleccionado y cruzado aquellas variables que pueden permitir analizar en mayor medida, el grado de consecución de los objetivos previstos en la investigación.

Hemos relacionado las variables "género", "tipo de localidad", tipología de centro", "profesor del centro" y "especialista de Educación Física", con las variables "Considero adecuada la cualificación pedagógica del Monitor Deportivo", "Considero adecuada la cualificación técnica del Monitor Deportivo", "Considero que el Monitor Deportivo está suficientemente formado en caso de accidente deportivo de alguno de los escolares" y "El Monitor Deportivo favorece la integración de los escolares con Necesidades Específicas", con el fin de acercarnos a las preguntas que definieron el problema de investigación relativas a si el monitor deportivo se encuentra correctamente formado para enfrentarse a un grupo de niños y niñas, y el objetivo "Conocer si los monitores o técnicos deportivos se encuentran correctamente cualificados en la formación de nuestros alumnos y alumnas". Se han obtenido los datos mostrados en las tablas 46 a 49.

Tabla 46 Tabla de contingencia entre la variable "Considero adecuada la cualificación pedagógica del monitor deportivo" con las variables "Género", "Tipo de localidad", Tipología de centro", "Es maestro/profesor del centro" y "Especialista de Educación Física"

		Considero adecuada la cualificación pedagógica del monitor deportivo								
		Totalmente en desacuerdo		En desacuerdo		Indiferente		De acuerdo		Totalmente de acuerdo	
		f	%	f	%	f	%	f	%	f	%
Género	Hombre	1	0,65	10	6,54	19	12,42	62	40,52	20	13,07
	Mujer	2	1,31	8	5,23	4	2,61	15	9,80	12	7,84
Tipo de localidad	Urbano	2	1,31	8	5,23	9	5,88	42	27,45	21	13,73
	Rural	1	0,65	10	6,54	14	9,15	35	22,88	11	7,19
Tipo de centro educativo	Primaria	3	1,96	12	7,84	14	9,15	54	35,29	20	13,07
	Secundaria	0	0,00	6	3,92	8	5,23	22	14,38	11	7,19
	Resid. Escolar	0	0,00	0	0,00	1	0,65	1	0,65	1	0,65
Es maestro/profesor del centro	Sí	3	1,96	18	11,76	23	15,03	75	49,02	30	19,61
	No	0	0,00	0	0,00	0	0,00	2	1,31	2	1,31
Especialista de Educación Física	Sí	2	1,34	15	10,07	13	8,72	61	40,94	23	15,44
	No	1	0,67	3	2,01	10	6,71	14	9,40	7	4,70

Tras el estudio de los datos de la tabla anterior, se llega a las los siguientes resultados con respecto a la variable "Considero adecuada la cualificación pedagógica del monitor deportivo":

✓ La mayoría de los coordinadores (71,23%) considera adecuada la formación pedagógica del monitor. Los hombres están de acuerdo en un 53,59% y las mujeres en un 17,64%.
✓ En lo que respecta al tipo de localidad, los coordinadores de centros urbanos opinan que la cualificación pedagógica del monitor es la adecuada en un 58,82%, frente a los de centros rurales con un 30,07%.
✓ Un 9,8% de los maestros de enseñanza Primaria piensan que los monitores no están cualificados, frente a los de Secundaria que representan un 3,2%.
✓ Los coordinadores que son docentes del centro y especialistas en Educación Física están de acuerdo en la correcta cualificación pedagógica del monitor en un 56,38%, y los no especialistas en un 14,1%.

Tabla 47. Tabla de contingencia entre la variable "Considero adecuada la cualificación técnica del monitor deportivo" con las variables "Género", "Tipo de localidad", Tipología de centro", "Es maestro/profesor del centro" y "Especialista de Educación Física"

		Considero adecuada la cualificación técnica del monitor deportivo									
		Totalmente en desacuerdo		En desacuerdo		Indiferente		De acuerdo		Totalmente de acuerdo	
		f	%	f	%	f	%	f	%	f	%
Género	Hombre	2	1,31	10	6,54	10	6,54	63	41,18	27	17,65
	Mujer	2	1,31	4	2,61	4	2,6	17	11,11	14	9,15
Tipo de localidad	Urbano	2	1,31	5	3,27	7	4,58	43	28,1	25	16,34
	Rural	2	1,31	9	5,88	7	4,58	37	24,18	16	10,46
Tipo de centro educativo	Primaria	3	1,96	13	8,5	8	5,23	53	34,64	26	16,99
	Secundaria	1	0,65	1	0,65	6	3,92	24	15,96	15	9,8
	Resid. Escolar	0	0,00	0	0,00	0	0,00	3	1,96	0	0,00
Es maestro/profesor del centro	Sí	4	2,61	14	9,15	14	9,15	77	50,33	40	26,14
	No	0	0,00	0	0,00	0	0,00	3	1,96	1	0,65
Especialista de Educación Física	Sí	4	2,68	13	8,72	10	6,71	58	38,93	29	19,46
	No	0	0	1	0,67	4	2,68	19	12,75	11	7,38

Con respecto a la variable "Considero adecuada la cualificación técnica del monitor deportivo", se deducen los siguientes resultados:

- ✓ Un 58,83% de los hombres y un 20,26% de las mujeres estiman adecuada la cualificación técnica del monitor.
- ✓ Los coordinadores de centros urbanos que consideran adecuada la cualificación representan un 44,44%, más numeroso que los de centros rurales (34,64%).
- ✓ Por tipología de centro educativo, los docentes de Primaria no están de acuerdo en la adecuada cualificación en un 10,46%, los docentes de Secundaria que opina lo mismo representan un 1.3%.
- ✓ Opinan que no están cualificados correctamente un 11,4% de los docentes especialistas en Educación Física, y un 0,67% los no especialistas.

Tabla 48. Tabla de contingencia entre la variable "Considero que el monitor deportivo está suficientemente formado en caso de accidente deportivo de alguno de los escolares" con las variables "Género", "Tipo de localidad", Tipología de centro", "Es maestro/ profesor del centro" y "Especialista de Educación Física"

		Considero que el monitor deportivo está suficientemente formado en caso de accidente deportivo de alguno de los escolares								
		Totalmente en desacuerdo		En desacuerdo		Indiferente		De acuerdo		Totalmente de acuerdo	
		f	%	f	%	f	%	f	%	f	%
Género	Hombre	4	2,61	23	15,03	32	20,92	39	25,49	14	9,15
	Mujer	2	1,31	9	5,88	9	5,88	14	9,15	7	4,58
Tipo de localidad	Urbano	2	1,31	16	10,46	23	15,03	29	18,95	12	7,84
	Rural	4	2,61	16	10,46	18	11,76	24	15,69	9	5,88
Tipo de centro educativo	Primaria	4	2,61	24	15,69	22	14,38	41	26,8	12	7,84
	Secundaria	2	1,31	8	5,23	18	11,76	11	7,19	8	5,23
	Resid. Escolar	0	0,00	0	0,00	1	0,65	1	0,65	1	0,65
Es maestro/profesor del centro	Sí	6	3,92	32	20,92	41	26,8	51	33,33	19	12,42
	No	0	0,00	0	0,00	0	0,00	2	1,31	2	1,31
Especialista de Educación Física	Sí	6	4,03	23	15,44	27	18,12	46	30,87	12	8,05
	No	0	0,00	9	6,04	14	9,4	5	3,36	7	4,7

Con respecto a la variable "Considero que el monitor deportivo está suficientemente formado en caso de accidente deportivo de alguno de los escolares", se extraen los siguientes resultados:

- ✓ Las mujeres consideran que están formados en caso de accidente deportivo en un 13,73%, y los hombres representan un 34,64%.
- ✓ El 26,79% de los coordinadores de centros urbanos y el 21,57% de centros rurales consideran suficiente la formación de nuestros monitores en caso de lesión o accidente deportivo de alguno de los escolares. Sin embargo, hay un 11,77% y un 13,07% de coordinadores de centros urbanos y rurales respectivamente, que piensan lo contrario.
- ✓ Por tipo de centro educativo, el grupo más numeroso que piensa que tienen un insuficiente nivel de formación en caso de accidente son los coordinadores de Primaria (18,3%), seguido más lejos de los de Secundaria (6,54%).
- ✓ Igualmente, los coordinadores especialistas en el área de la Educación Física consideran un nivel insuficiente en un 19,47%, frente a los que no lo son (6,04%).
- ✓ Es importante señalar que todos los coordinadores no docentes opinan, con respecto a esta variable y las dos anteriores, que los monito-

res presentan una correcta cualificación pedagógica y técnica y una adecuada formación en caso de accidente deportivo.

Tabla 49. Tabla de contingencia entre la variable "El monitor deportivo favorece la integración de los escolares con Necesidades Específicas" con las variables "Género", "Tipo de localidad", Tipología de centro", "Es maestro/profesor del centro" y "Especialista de Educación Física"

		El monitor deportivo favorece la integración de los escolares con Necesidades Específicas									
		Totalmente en desacuerdo		En desacuerdo		Indiferente		De acuerdo		Totalmente de acuerdo	
		f	%	f	%	f	%	f	%	f	%
Género	Hombre	1	0,65	1	0,65	37	24,18	53	34,64	20	13,07
	Mujer	0	0,00	0	0,00	11	7,19	20	13,07	10	6,54
Tipo de localidad	Urbano	1	0,65	1	0,65	25	16,34	34	22,22	21	13,73
	Rural	0	0,00	0	0,00	23	15,03	39	25,49	9	5,88
Tipo de centro educativo	Primaria	0	0,00	1	0,65	30	19,61	50	32,68	22	14,38
	Secundaria	1	0,65	0	0,00	17	11,11	21	13,73	8	5,23
	Resid. Escolar	0	0,00	0	0,00	1	0,65	2	1,31	0	0,00
Es maestro/profesor del centro	Sí	1	0,65	1	0,65	47	30,72	71	46,41	29	18,95
	No	0	0,00	0	0,00	1	0,65	2	1,31	1	0,65
Especialista de Educación Física	Sí	0	0,00	1	0,67	36	24,16	54	36,24	23	15,44
	No	1	0,67	0	0,00	11	7,38	17	11,41	6	4,03

Con respecto a la variable "El monitor deportivo favorece la integración de los escolares con Necesidades Específicas" se deducen los siguientes resultados:

✓ Un 47,71% de los hombres y un 19,61 % de las mujeres entienden que se integra a los alumnos con Necesidades Específicas.
✓ El 67,32% de los coordinadores dicen que atienden a los alumnos con Necesidades Específicas, y un 31,37% están en los centros rurales.
✓ De entre los coordinadores que están de acuerdo con la atención a estos alumnos, un 47,06% de los docentes son de Primaria, y un 18,96% son de Secundaria.
✓ Un tercio de los coordinadores (31,37%) muestran indiferencia a la variable debido a que no hay en sus centros alumnos con estas necesidades específicas.

Para dar respuesta a la pregunta establecida en el problema de la investigación relativa a si se desarrolla en consonancia con el currículo, y valorar el objetivo "Determinar si está vinculado en consonancia con el área de la

Educación Física, además de su relación con otros temas transversales", se han seleccionado las variables que pueden ayudar a conseguir este objetivo, para lo cual se ha relacionado las variables "género", "tipología de centro" y "especialista de Educación Física", con las variables "Existe conexión entre el Programa y el área de la Educación Física", y "El Programa desarrolla contenidos de áreas transversales, como la Educación para la Paz, Educación para la Salud, etc.". Se han alcanzado los datos mostrados en las tablas 50 y 51.

Tabla 50. Tabla de contingencia entre la variable "Existe conexión entre el Programa y el área de la Educación Física" con las variables "Género", Tipología de centro" y "Especialista de Educación Física"

		Existe conexión entre el Programa y el área de la Educación Física									
		Totalmente en desacuerdo		En desacuerdo		Indiferente		De acuerdo		Totalmente de acuerdo	
		f	%	f	%	f	%	f	%	f	%
Género	Hombre	1	0,65	3	1,96	11	7,19	51	33,33	46	30,07
	Mujer	3	1,96	1	0,65	2	1,31	19	12,42	16	10,46
Tipo de centro educativo	Primaria	4	2,61	4	2,61	8	5,23	46	30,07	41	26,8
	Secundaria	0	0,00	0	0,00	5	3,27	21	13,73	21	13,73
	Resid. Escolar	0	0,00	0	0,00	0	0,00	3	1,96	0	0,00
Especialista de Educación Física	Sí	1	0,67	1	0,67	7	4,70	52	34,9	53	35,57
	No	3	2,01	3	2,01	6	4,03	15	10,07	8	5,37

Tras el estudio de los datos de esta tabla, se obtienen los siguientes resultados con respecto a la variable "Existe conexión entre el Programa y el área de la Educación Física":

- ✓ De entre los coordinadores que opinan que existe conexión entre el Programa y el Área de la Educación Física, un 63,4% son hombres, y un 22,88% son mujeres.
- ✓ Ningún coordinador de Secundaria (0,00%) piensa que no exista conexión, frente a un 5,22% de Primaria que sí dice que no hay relación entre el Programa y el área de la Educación Física.
- ✓ Un 70,47% de los especialistas en el área opina que existe conexión, y sólo un 1,34% piensa lo contrario. Existen diferencias con los docentes que no son especialistas en el área, ya que un 15,44% estima que sí hay relación y un 4,02% considera que no existe esta conexión.

Tabla 51. Tabla de contingencia entre la variable "El Programa desarrolla contenidos de áreas transversales, como la Educación para la Paz, Educación para la Salud, etc." con las variables "Género", Tipología de centro" y "Especialista de Educación Física"

		\multicolumn{10}{c}{El Programa desarrolla contenidos de áreas transversales, como la Educación para la Paz, Educación para la Salud, etc.}									
		\multicolumn{2}{c}{Totalmente en desacuerdo}	\multicolumn{2}{c}{En desacuerdo}	\multicolumn{2}{c}{Indiferente}	\multicolumn{2}{c}{De acuerdo}	\multicolumn{2}{c}{Totalmente de acuerdo}
		f	%	f	%	f	%	f	%	f	%
Género	Hombre	1	0,65	2	1,31	6	3,92	65	42,48	38	24,84
	Mujer	1	0,65	1	0,65	2	1,31	20	13,07	17	11,11
Tipo de centro educativo	Primaria	2	1,31	3	1,96	4	2,61	61	39,87	33	21,57
	Secundaria	0	0,00	0	0,00	4	2,61	22	14,38	21	13,73
	Resid. Escolar	0	0,00	0	0,00	0	0,00	2	1,31	1	0,65
Especialista de Educación Física	Sí	1	0,67	3	2,01	4	2,68	65	43,62	41	27,52
	No	1	0,67	0	0,00	4	2,68	16	10,74	14	9,40

Se alcanzan los siguientes resultados con respecto a la variable "El Programa desarrolla contenidos de áreas transversales, como la Educación para la Paz, Educación para la Salud, etc.":

✓ Un 67,32% de hombres opina que el Programa desarrolla contenidos de las áreas transversales, y un 24,18% de mujeres también.
✓ Al igual que con la variable "Existe conexión entre el Programa y el área de la Educación Física", ningún coordinador de Secundaria considera que no desarrolle contenidos de áreas transversales, mientras que hay un 3,27% de Primaria que estima que no hay relación entre el Programa y las áreas transversales.
✓ El grupo más numeroso que considera que el Programa desarrolla contenidos de las áreas transversales son los coordinadores especialistas en el área de la Educación Física (71,14%).

Para valorar el objetivo "Comprobar el grado de implicación de los distintos sectores que intervienen en el programa" y dar respuesta a las preguntas establecidas en el problema de la investigación relativas a la valoración que tienen los padres y madres del Programa y su grado de implicación, si se realiza un correcto seguimiento por parte del centro y si se ajusta a lo establecido en su inicio, se han seleccionado las variables que pueden ayudar a conseguir este objetivo, para lo cual se ha relacionado las variables "género", "tipo de localidad", "tipología de centro" y "especialista de Educación Física", con las variables "Los padres/madres de los escolares participan en el buen desarrollo del programa", "Las expectativas creadas por el programa coinciden con la realidad", "El Consejo Escolar realiza un seguimiento y evaluación del programa con objeto de valorar la eficacia del mismo" y "Los padres/madres valoran la participación de sus hijos en el programa igual que lo harían en un club deportivo privado". Se han conseguido los datos mostrados en las tablas 52 a 55.

Tabla 52. Tabla de contingencia entre la variable "Los padres/madres de los escolares participan en el buen desarrollo del programa" con las variables "Género", "Tipo de localidad", "Tipología de centro" y "Especialista de Educación Física"

		Los padres/madres de los escolares participan en el buen desarrollo del programa								
		Totalmente en desacuerdo		En desacuerdo		Indiferente		De acuerdo		Totalmente de acuerdo	
		f	%	f	%	f	%	f	%	f	%
Género	Hombre	4	2,61	19	12,42	47	30,72	38	24,84	4	2,61
	Mujer	0	0,00	8	5,23	9	5,88	17	11,11	7	4,58
Tipo de localidad	Urbano	3	1,96	14	9,15	28	18,30	31	20,26	6	3,92
	Rural	1	0,65	13	8,50	28	18,30	24	15,69	5	3,27
Tipo de centro educativo	Primaria	0	0,00	16	10,46	30	19,61	47	30,72	10	6,54
	Secundaria	2	1,31	11	7,19	25	16,34	8	5,23	1	0,65
	Resid. Escolar	2	1,31	0	0,00	1	0,65	0	0,00	0	0,00
Especialista de Educación Física	Sí	1	0,67	21	14,09	40	26,85	44	29,53	8	5,37
	No	3	2,01	6	4,03	13	8,72	10	6,71	3	2,01

Según los datos anteriores, se llega a los siguientes resultados:

✓ Un 15,03% de hombres y un 5,23% de mujeres opinan que los padres y madres no se involucran en el buen funcionamiento del Programa, frente a un 27,45% de hombres y un 15,69% de mujeres que piensan que sí participan.
✓ No existen diferencias en relación al tipo de localidad, ya que consideran que sí participan un 24,18 de coordinadores de centros urbanos y un 18,96% de centros rurales, opinan que existe participación.
✓ El grupo más numeroso de coordinadores que piensa que los padres y madres participan son los de Primaria con un 37,26%, frente a los de Secundaria con un 5,88%. Todos los coordinadores de Residencias Escolares opinan que no hay participación.
✓ Un 34,9% de coordinadores especialistas en el área y un 8,72% de no especialistas consideran que existe participación. Opinan que no hay participación un 14,76% de especialistas y un 6,04% los no especialistas.

Tabla 53. Tabla de contingencia entre la variable "Las expectativas creadas por el programa coinciden con la realidad" con las variables "Género", "Tipo de localidad", "Tipología de centro" y "Especialista de Educación Física"

		Las expectativas creadas por el programa coinciden con la realidad									
		Totalmente en desacuerdo		En desacuerdo		Indiferente		De acuerdo		Totalmente de acuerdo	
		f	%	f	%	f	%	f	%	f	%
Género	Hombre	3	1,96	28	18,30	22	14,38	51	33,33	8	5,23
	Mujer	0	0,00	15	9,80	3	1,96	19	12,42	4	2,61
Tipo de localidad	Urbano	2	1,31	20	13,07	15	9,80	38	24,84	7	4,58
	Rural	1	0,65	23	15,03	10	6,54	32	20,92	5	3,27
Tipo de centro educativo	Primaria	2	1,31	27	17,65	16	10,46	48	31,37	10	6,54
	Secundaria	1	0,65	16	10,46	9	5,88	19	12,42	2	1,31
	Resid. Escolar	0	0,00	0	0,00	0	0,00	3	1,96	0	0,00
Especialista de Educación Física	Sí	2	1,34	36	24,16	19	12,75	48	32,21	9	6,04
	No	1	0,67	7	4,70	5	3,36	19	12,75	3	2,01

Tras el estudio de los datos de esta tabla, se obtienen los siguientes resultados:

✓ De los coordinadores que consideran que las expectativas creadas por el Programa coinciden con la realidad, el 38,56% son hombres y el 15,03% son mujeres. El 20,26% y el 9,8% de hombres y mujeres, respectivamente, piensan lo contrario.
✓ Por tipo de localidad, el 29,42% y el 24,19%, de coordinadores de centros urbanos y rurales, respectivamente, opinan que las expectativas creadas coinciden con la realidad.
✓ Los coordinadores de centros de Primaria que consideran que las expectativas creadas por el Programa coinciden con la realidad representan un 37,91%. Los de Secundaria, un 13,73%.
✓ Un 25,5% de coordinadores especialistas opinan que no ha cumplido con las expectativas creadas inicialmente. Un porcentaje superior a lo que piensan los no especialistas (5,37%).

Tabla 54. *Tabla de contingencia entre la variable "El Consejo Escolar realiza un seguimiento y evaluación del programa con objeto de valorar la eficacia del mismo" con las variables "Género", "Tipo de localidad", "Tipología de centro" y "Especialista de Educación Física"*

		El Consejo Escolar realiza un seguimiento y evaluación del programa con objeto de valorar la eficacia del mismo									
		Totalmente en desacuerdo		En desacuerdo		Indiferente		De acuerdo		Totalmente de acuerdo	
		f	%	f	%	f	%	f	%	f	%
Género	Hombre	11	7,19	25	16,34	19	12,42	52	33,99	5	3,27
	Mujer	3	1,96	13	8,50	14	9,15	8	5,23	3	1,96
Tipo de localidad	Urbano	8	5,23	19	12,42	14	9,15	36	23,53	5	3,27
	Rural	6	3,92	19	12,42	19	12,42	24	15,69	3	1,96
Tipo de centro educativo	Primaria	7	4,58	24	15,69	23	15,03	42	27,45	7	4,58
	Secundaria	7	4,58	14	9,15	8	5,23	17	11,11	1	0,65
	Resid. Escolar	0	0,00	0	0,00	2	1,31	1	0,65	0	0,00
Especialista de Educación Física	Sí	10	6,71	28	18,79	25	16,78	45	30,20	6	4,03
	No	4	2,68	9	6,04	7	4,70	13	8,72	2	1,34

Según los datos anteriores, se llega a los siguientes resultados:

✓ Un 37,26% de hombres piensa que el Consejo Escolar se implica en el funcionamiento del Programa. En relación a las mujeres, un 7,19% opina que sí realiza un seguimiento del mismo, frente a un 10,46% que considera que no existe seguimiento.
✓ Por tipo de localidad, de entre los coordinadores que consideran que el Consejo Escolar realiza un seguimiento, un 26,8% están en centros urbanos, y un 17,65% en centros rurales. Con respecto a los que opinan lo contrario, un 17,65% son de centros urbanos y un 16,34% de centros rurales.
✓ Por tipología de centro, los coordinadores de Primaria están de acuerdo en un 32,03%, los de Secundaria en un 11,76%.
✓ El grupo de coordinadores especialistas que consideran que el Consejo Escolar realiza un seguimiento y evaluación del Programa con objeto de valorar la eficacia del mismo representa un 34,23%, frente a un 25,5% que opina lo contrario. El grupo de no especialistas que opina que si hay un seguimiento representa un 10,06%, y los que opinan que no un 8,72%.

Tabla 55. Tabla de contingencia entre la variable "Los padres/madres valoran la participación de sus hijos en el programa igual que lo harían en un club deportivo privado" con las variables "Género", "Tipo de localidad", "Tipología de centro" y "Especialista de Educación Física"

		Los padres/madres valoran la participación de sus hijos en el programa igual que lo harían en un club deportivo privado									
		Totalmente en desacuerdo		En desacuerdo		Indiferente		De acuerdo		Totalmente de acuerdo	
		f	%	f	%	f	%	f	%	f	%
Género	Hombre	6	3,92	38	24,84	27	17,65	38	24,84	3	1,96
	Mujer	3	1,96	11	7,19	9	5,88	12	7,84	6	3,92
Tipo de localidad	Urbano	5	3,27	24	15,69	21	13,73	27	17,65	5	3,27
	Rural	4	2,61	25	16,34	15	9,80	23	15,03	4	2,61
Tipo de centro educativo	Primaria	7	4,58	32	20,92	16	10,46	41	26,80	7	4,58
	Secundaria	2	1,31	16	10,46	18	11,76	9	5,88	2	1,31
	Resid. Escolar	0	0,00	1	0,65	2	1,31	0	0,00	0	0,00
Especialista de Educación Física	Sí	7	4,70	40	26,85	23	15,44	39	26,17	5	3,36
	No	2	1,34	9	6,04	10	6,71	10	6,71	4	2,68

Tras el estudio de los datos de esta tabla, se obtienen los siguientes resultados:

- ✓ Un 26,8% de hombres opina que los padres valoran la participación de sus hijos en el Programa igual que lo harían en un club deportivo privado, mientras que un 28,76% opina lo contrario. Respecto a las mujeres, un 11,76%% opina que sí lo valoran, frente a un 9,15% que estima lo contrario.
- ✓ De los coordinadores de centros urbanos que consideran que los padres valoran la participación de sus hijos en el Programa igual que lo harían en un club deportivo privado, éstos representan un 20,92%, frente a un 18,96% que piensan no lo valoran de igual forma. Con respecto a los centros rurales, los coordinadores que están de acuerdo representa un 17,64%, y un 18,95 no está de acuerdo.
- ✓ Un 31,38% de coordinadores de Primaria considera que los padres sí valoran esta participación de igual modo, frente a un 25,5% que opina lo contrario. En cuanto a Secundaria, un 7,19 sí está de acuerdo, frente a un 11,77 que opina lo contrario.
- ✓ Un 29,53% de coordinadores especialistas están de acuerdo y un 31.55% no están de acuerdo. Los no especialistas que están de acuerdo en que sí valoran la participación de sus hijos representa un 9,39%, y los que no están de acuerdo representan un 7,38%.

Para valorar el objetivo "Establecer si las actividades físico-deportivas se realizan en las mejores condiciones posibles", y dar respuesta a la pregunta establecida en el problema de la investigación relativa al estado en que se encuentran las instalaciones deportivas, se han seleccionado las variables que pueden ayudar a conseguir este objetivo, para lo cual se ha relacionado las variables "género", "tipo de localidad", "tipología de centro" y "especialista de Educación Física", con la variable "El estado general de conservación de las instalaciones deportivas es aceptable". Se han conseguido los datos mostrados en la tabla 56.

Tabla 56. Tabla de contingencia entre la variable "El estado general de conservación de las instalaciones deportivas es aceptable" con las variables "Género", "Tipo de localidad", "Tipología de centro" y "Especialista de Educación Física"

		\multicolumn{10}{c}{El estado general de conservación de las instalaciones deportivas es aceptable}									
		\multicolumn{2}{c}{Totalmente en desacuerdo}	\multicolumn{2}{c}{En desacuerdo}	\multicolumn{2}{c}{Indiferente}	\multicolumn{2}{c}{De acuerdo}	\multicolumn{2}{c}{Totalmente de acuerdo}
		f	%	f	%	f	%	f	%	f	%
Género	Hombre	10	6,54	27	17,65	15	9,80	46	30,07	14	9,15
	Mujer	5	3,27	12	7,84	3	1,96	16	10,46	5	3,27
Tipo de localidad	Urbano	9	5,88	17	11,11	10	6,54	35	22,88	11	7,19
	Rural	6	3,92	22	14,38	8	5,23	27	17,65	8	5,23
Tipo de centro educativo	Primaria	15	9,80	29	18,95	11	7,19	36	23,53	12	7,84
	Secundaria	0	0,00	9	5,88	6	3,92	26	16,99	6	3,92
	Resid. Escolar	0	0,00	1	0,65	1	0,65	0	0,00	1	0,65
Especialista de Educación Física	Sí	14	9,40	28	18,79	11	7,38	47	31,54	14	9,40
	No	1	0,67	8	5,37	6	4,03	15	10,07	5	3,36

Atendiendo a los datos mostrados, se establece los siguientes resultados:

- ✓ Un 39,22% de hombres y un 13,73% de mujeres opinan que el estado de conservación de las instalaciones es aceptable. No están de acuerdo un 24,19% de hombres y un 11,11% de mujeres.
- ✓ De entre el grupo de coordinadores por tipo de localidad, los de centros urbanos que están de acuerdo representan un 30,06%, y los de centros rurales un 22,88%. No están de acuerdo un 16,99% (centros urbanos) y un 18,3% (centros rurales).
- ✓ El 31,37% de coordinadores de Primaria, y el 20,91% de Secundaria opinan que el mantenimiento es aceptable. Un 28,75% (Primaria) y un 5,88% no están de acuerdo.

✓ Los coordinadores especialistas en el área están de acuerdo en un 40,94%, y los no especialistas en un 13,43%. No están de acuerdo un 28,19% y un 6,04%, respectivamente.

Con objeto de valorar el objetivo "Conocer qué piensan los Coordinadores sobre el futuro del Programa", y dar respuesta a las preguntas establecidas en el problema de la investigación relativas a si atienden las actividades deportivas a las características propias de todas las localidades o, en su caso, nos oferta un reducido número de deportes, y a si es posible que las competencias de un monitor las asumiese un especialista en el área de la Educación Física, se han seleccionado las variables que pueden ayudar a conseguir este objetivo, para lo cual se ha relacionado las variables "género", "tipo de localidad", "tipología de centro", "es maestro/profesor del centro" y "especialista de Educación Física", con las variables "Es conveniente ofertar otras actividades deportivas", "Las Delegaciones Provinciales deben programar durante el curso escolar actividades para mejorar la formación de los monitores deportivos" y "Debe ser un especialista de Educación Física el encargado de las funciones del monitor deportivo". Se han conseguido los datos mostrados en las tablas 57 a 59.

Tabla 57. Tabla de contingencia entre la variable "Es conveniente ofertar otras actividades deportivas" con las variables "Género", "Tipo de localidad", "Tipología de centro", "Es maestro/profesor del centro" y "Especialista de Educación Física"

		Es conveniente ofertar otras actividades deportivas								
		Totalmente en desacuerdo		En desacuerdo		Indiferente		De acuerdo		Totalmente de acuerdo	
		f	%	f	%	f	%	f	%	f	%
Género	Hombre	2	1,31	4	2,61	13	8,50	46	30,07	47	30,72
	Mujer	0	0,00	3	1,96	3	1,96	12	7,84	23	15,03
Tipo de localidad	Urbano	1	0,65	4	2,61	11	7,19	28	18,30	38	24,84
	Rural	1	0,65	3	1,96	5	3,27	30	19,61	32	20,92
Tipo de centro educativo	Primaria	1	0,65	6	3,92	11	7,19	44	28,76	41	26,80
	Secundaria	1	0,65	1	0,65	5	3,27	14	9,15	26	16,99
	Resid. Escolar	0	0,00	0	0,00	0	0,00	0	0,00	3	1,96
Es maestro/profesor del centro	Sí	1	0,65	7	4,58	16	10,46	56	36,60	69	45,10
	No	1	0,65	0	0,00	0	0,00	2	1,31	1	0,65
Especialista de Educación Física	Sí	1	0,67	6	4,03	12	8,05	37	24,83	58	38,93
	No	0	0,00	1	0,67	4	2,68	19	12,75	11	7,38

Atendiendo a los datos mostrados, se ha establecido los siguientes resultados:

- ✓ El 60,79% de hombres y el 22,87% de mujeres considera que debe ampliarse la oferta deportiva. Sólo el 5,88% opina lo contrario.
- ✓ El 43,14% y el 22,87% de coordinadores de centros urbanos y rurales, respectivamente, están de acuerdo. Sólo un 5,87% no está de acuerdo.
- ✓ Un 55,56% de coordinadores de Primaria y un 26,14% de Secundaria opinan que es conveniente. Todos los coordinadores de Residencias Escolares están de acuerdo. Sólo un 5,87% opina lo contrario.
- ✓ Con respecto los que son docentes, un 81,7% considera que debe ampliarse la oferta deportiva, frente a un 5,23% que no está de acuerdo.
- ✓ Entre el grupo de coordinadores especialistas o no en el área, los resultados son semejantes, ya que un 63,76% de especialistas, y un 20,13% de no especialistas están de acuerdo. Sólo un 5,37% no están de acuerdo en ampliar la oferta deportiva.

Tabla 58. Tabla de contingencia entre la variable "Las Delegaciones Provinciales deben programar durante el curso escolar actividades para mejorar la formación de los monitores deportivos" con las variables "Género", "Tipo de localidad", "Tipología de centro", "Es maestro/profesor del centro" y "Especialista de Educación Física"

		Las Delegaciones Provinciales deben programar durante el curso escolar actividades para mejorar la formación de los monitores deportivos									
		Totalmente en desacuerdo		En desacuerdo		Indiferente		De acuerdo		Totalmente de acuerdo	
		f	%	f	%	f	%	f	%	f	%
Género	Hombre	1	0,65	0	0,00	12	7,84	49	32,03	50	32,68
	Mujer	0	0,00	0	0,00	2	1,31	15	9,80	24	15,69
Tipo de localidad	Urbano	0	0,00	0	0,00	8	5,23	32	20,92	42	27,45
	Rural	1	0,65	0	0,00	6	3,92	32	20,92	32	20,92
Tipo de centro educativo	Primaria	0	0,00	0	0,00	8	5,23	45	29,41	50	32,68
	Secundaria	1	0,65	0	0,00	6	3,92	18	11,76	22	14,38
	Resid. Escolar	0	0,00	0	0,00	0	0,00	1	0,65	2	1,31
Es maestro/profesor del centro	Sí	1	0,65	0	0,00	14	9,15	62	40,52	72	47,06
	No	0	0,00	0	0,00	0	0,00	2	1,31	2	1,31
Especialista de Educación Física	Sí	1	0,67	0	0,00	9	6,04	46	30,87	58	38,93
	No	0	0,00	0	0,00	5	3,36	16	10,74	14	9,40

Tras el estudio de los datos de esta tabla, se obtienen los siguientes resultados:

- ✓ Prácticamente el total de los coordinadores consideran que deben programarse actividades para mejorar la formación de los monitores (90,2%). El 64,71% de ellos son hombres y el 25,49% son mujeres. Sólo el 0,65% opina lo contrario.
- ✓ Casi todos los coordinadores de centros urbanos están de acuerdo (48,37%), excepto un 5,23% que presenta indiferencia. Con respecto a los de centros rurales, el 41,84% está de acuerdo, frente al 0,65 que opina lo contrario.
- ✓ Un 62,09% de coordinadores de Primaria y un 26,14% de Secundaria consideran que se debe realizar esta formación. Todos los coordinadores de Residencias Escolares están de acuerdo. Sólo un 0,65% opina lo contrario.
- ✓ La mayoría de coordinadores docentes están a favor (87,58%), sólo están en contra un 0,65%. Todos los no docentes están de acuerdo.
- ✓ Entre el grupo de coordinadores especialistas o no en el área, los resultados son semejantes, ya que un 69,8% de especialistas, y un 20,14% de no especialistas están de acuerdo. Sólo un 0,67% no están de acuerdo la realización de actividades de formación.

Tabla 59. Tabla de contingencia entre la variable "Debe ser un especialista de Educación Física el encargado de las funciones del monitor deportivo" con las variables "Género", "Tipo de localidad", "Tipología de centro", "Es maestro/profesor del centro" y "Especialista de Educación Física"

		Debe ser un especialista de Educación Física el encargado de las funciones del monitor deportivo								
		Totalmente en desacuerdo		En desacuerdo		Indiferente		De acuerdo		Totalmente de acuerdo	
		f	%	f	%	f	%	f	%	f	%
Género	Hombre	1	0,65	9	5,88	18	11,76	40	26,14	44	28,76
	Mujer	1	0,65	1	0,65	8	5,23	16	10,46	15	9,80
Tipo de localidad	Urbano	2	1,31	5	3,27	13	8,50	30	19,61	32	20,92
	Rural	0	0,00	5	3,27	13	8,50	26	16,99	27	17,65
Tipo de centro educativo	Primaria	1	0,65	5	3,27	16	10,46	39	25,49	42	27,45
	Secundaria	1	0,65	4	2,61	10	6,54	16	10,46	16	10,46
	Resid. Escolar	0	0,00	1	0,65	0	0,00	1	0,65	1	0,65
Es maestro/profesor del centro	Sí	2	1,31	10	6,54	25	16,34	56	36,60	56	36,60
	No	0	0,00	0	0,00	1	0,65	0	0,00	3	1,96
Especialista de Educación Física	Sí	0	0,00	7	4,70	18	12,08	41	27,52	48	32,21
	No	2	1,34	3	2,01	7	4,70	15	10,07	8	5,37

Según los datos anteriores, se llega a los siguientes resultados:

- ✓ El 54,9% de hombres y el 20,26% de mujeres opina que debe ser un especialista en el área de Educación Física el encargado de las funciones del monitor deportivo. Sólo el 7,83% opina lo contrario.
- ✓ El 40,53 y el 34,64% de coordinadores de centros urbanos y rurales, respectivamente, están de acuerdo. Sólo un 7,85% no está de acuerdo. El 17% muestra indiferencia.
- ✓ Por tipología de centro, un 52,94% de Primaria están a favor, y un 20,92% de Secundaria también. Sólo un 7,18% opina lo contrario.
- ✓ El 73,2% de los coordinadores que son docentes del centro considera que debe ser un especialista en el área, mientras que un 7,85% de éstos opina lo contrario, y un 16,34% es indiferente.
- ✓ Los coordinadores especialistas en el área está de acuerdo en un 59,73%, y los no especialistas en un 15,44%. No están de acuerdo un 4,7% y un 3,35%, respectivamente.

Capítulo 8
DISCUSIÓN Y CONCLUSIONES. PLANTEAMIENTO DE ESTRATEGIAS

En este capítulo nos enfrentamos a extraer las conclusiones, una vez analizada la información y relacionados los resultados de la investigación. Éste lo hemos dividido en dos partes, una primera dedicada a la extracción de las conclusiones según los objetivos específicos de la investigación, y una segunda parte destinada al planteamiento de estrategias y abrir nuevas perspectivas de futuro en relación al tema.

8.1. DISCUSIÓN Y CONCLUSIONES.

El primer objetivo específico iba orientado a **Conocer si los monitores o técnicos deportivos se encuentran correctamente cualificados en la formación de nuestros alumnos y alumnas**, para el cual se ha extraído las siguientes conclusiones:

- La mayoría de los Coordinadores del Programa estiman que los monitores deportivos se encuentran correctamente cualificados, tanto técnica como pedagógicamente. De manera contraria opinan otros estudios (Petrus, 1988, Fraile, 2000, Giménez y Sáenz-López, 1997, y Álamo, 2001), que consideran que consideran que estas personas no siempre tienen una adecuada formación.
- La gran mayoría de ellos opina que los monitores atienden a las normas de seguridad durante la práctica físico-deportiva, mientras que sólo la mitad piensa que poseen una correcta formación en caso de accidente deportivo.
- Cabe señalar que todos los coordinadores no docentes consideran que los monitores presentan una correcta cualificación y una adecuada formación en caso de accidente deportivo.
- Casi todos piensan que el monitor favorece la integración de los escolares con necesidades específicas.

El segundo específico establecido en nuestra investigación se orienta a **Determinar si está vinculado en consonancia con el área de la Educación**

Física, además de su relación con otros temas transversales, para lo cual se especifican las conclusiones que se detallan a continuación:

- Prácticamente la totalidad cree que la práctica de estas actividades físico-deportivas contribuye al desarrollo de las Competencias Básicas del área de la Educación Física, así como que favorecen la consecución de los objetivos previstos en esta área.
- En el transcurso de estas actividades, se desarrollan contenidos de las áreas transversales.

En la misma línea opinan otros autores como Burriel y Carranza (1995), Fraile (1996), Camerino (2008), Devís (1995), o Calzada (2004), que consideran que el deporte escolar debe estar vinculado con el área de la Educación Física, o Pereda (2000), que estima que además debe estar relacionado con otras áreas o temas transversales.

El tercer objetivo pretende **Comprobar el grado de implicación de los distintos sectores que intervienen en el Programa**. Y en este sentido, cabe destacar las siguientes conclusiones:

- La mitad de los coordinadores piensa que los padres/madres de los alumnos se comprometen en el buen funcionamiento y desarrollo del programa, aunque existen diferencias entre los de Primaria y Secundaria, ya que éstos últimos opinan en menor medida que exista esta implicación.
- Aproximadamente la mitad de los centros, a través de sus Consejos Escolares, realiza un seguimiento y evaluación del programa.
- Hay más especialistas en el Área de la Educación Física que creen que el programa no cumple con las expectativas originadas inicialmente, al contrario que lo que piensan casi la totalidad de los no especialistas.
- Más de la mitad de los coordinadores considera que los padres y madres valoran en menor medida la participación de sus hijos en el programa que si ésta fuera en un club deportivo privado. Existe diferencias entre los coordinadores de Primaria y Secundaria, ya que estos últimos opinan en su mayoría que el programa está menos valorado.

Esta última consideración hace pensar y así lo aseguramos, que los alumnos más dotados se encuentran en clubes deportivos privados y federados. Como opina García Ferrando (1993), el deporte federado sigue impregnando el ámbito de la actividad físico-deportiva general, alterando los principios técnicos y pedagógicos que debieran inspirar al deporte para todos.

El cuarto objetivo se orientaba a **Establecer si las actividades físico-deportivas se realizan en las mejores condiciones posibles**, en cuanto al material disponible, conservación y mantenimiento del equipamiento e instalaciones deportivas. En este sentido, se puede extraer que:

- Más de la mitad de los coordinadores cree que no se realizan las actividades en las mejores condiciones ya que no aprueban el estado de conservación de las instalaciones.
- Igualmente, opinan en su mayoría que estas instalaciones no se han mejorado como consecuencia del funcionamiento del programa.

El quinto objetivo se dirigía a **Conocer qué piensan los Coordinadores sobre el futuro del Programa**, para lo cual se relacionan las siguientes conclusiones:

- Casi la totalidad considera que debe ampliarse la oferta deportiva.
- La mayoría piensa asimismo, que se debe ofertar actividades relacionadas con la naturaleza.
- Igualmente, expresan en su mayoría que se debe mejorar la formación de los monitores con la programación de actividades a lo largo del curso escolar.
- Prácticamente la totalidad de ellos piensa que debe ser un especialista en al Área de la Educación Física el que asuma las funciones del monitor deportivo.

Autores como Ortúzar (2004) y Castejón (2008), establecen que es el profesorado de Educación Física el que debe hacerse cargo del deporte escolar, y Fraile et al. (2004), opinan que son los maestros y estudiantes de magisterio los que reúnen el perfil más adecuado para realizar las funciones del monitor deportivo y desarrollar este tipo de prácticas recreativas.

8.2. PLANTEAMIENTO DE ESTRATEGIAS Y PROPUESTAS DE FUTURO.

Tras la exposición de las conclusiones, y dar respuesta a los objetivos específicos marcados en la investigación, estaríamos en condiciones de asegurar que el deporte escolar que se desarrolla en los centros docentes de Andalucía a través del programa el deporte en la escuela, debe encaminarse a:

- Ofrecer una amplia gama de deportes para que el niño tome contacto con diferentes tipos y elegir el que más se adapte a sus necesidades y posibilidades, e igualmente, obsequiar con actividades físico-deportivas en el medio natural (senderismo, orientación, escalada, etc.).
- Brindar a los monitores/técnicos deportivos la oportunidad de ampliar su formación con actividades, jornadas, etc. a lo largo del curso escolar, y así evitaremos la respuesta de otros agentes implicados, como los coordinadores, que opinan en su mayoría que debe ser especialista en el área de la Educación Física el destinado a dirigir las actividades físico-deportivas de los escolares.
- Seguir funcionando y mejorando, ya que como afirma Eime y Payne (2009), consideramos que los programas escolares son una estrategia clave para promocionar la participación en el deporte y en la actividad física. Otros autores van más allá, al sugerir que la práctica del deporte y la actividad física entre los adolescentes debería promoverse a la vista de sus efectos beneficiosos no sólo en la salud, sino también sobre el rendimiento académico (Laure y Binsinger, 2009).

Entre las propuestas de futuro, creemos que es necesario seguir investigando en el deporte escolar que se desarrolla en los centros a través de este programa, desde la perspectiva de padres/madres, alumnos y monitores deportivos, con la intención de poder hacer estudios comparativos entre los datos obtenidos en este estudio y los que se tomen a partir de ahora.

REFERENCIAS BIBLIOGRÁFICAS

- ACUERDO, de 27 de enero de 2004, del Consejo de Gobierno, por el que se aprueba el Plan General del Deporte de Andalucía (BOJA 64, de 1 de abril), (2004).
- Águila, C. (2008). Imágenes y discurso del deporte contemporáneo: Desafíos para una socialización democrática desde la edad escolar. En Hernández, I. Martínez, L.F. y Águila, C. (Ed.), *El deporte escolar en la sociedad contemporánea* (pp. 17-60). Almería: Editorial Universidad de Almería.
- Álamo, J. M. (2001a). *Análisis del deporte escolar en la isla de gran canaria. Hacia un modelo de deporte escolar.* Tesis doctoral. Universidad de las Palmas de Gran Canaria, Las Palmas de Gran Canaria.
- Álamo, J. M. (2001b). El perfil de los entrenadores del deporte escolar. *En Actas Del II Congreso De Ciencias De La Actividad Física y El Deporte. Facultad De Ciencias De La Actividad Física y El Deporte De Valencia.*
- Ander-egg, E. (2003). *Métodos y técnicas de investigación social IV*. Buenos Aires: Lumen.
- Antón, J. y Dolado, M.M. (1997). La iniciación a los deportes colectivos. En Giménez, F.J., Sáenz-López, P. y Díaz, M. (Ed.), *El deporte escolar* (pp. 23-40). Huelva: Universidad de Huelva.
- Asenjo, F. y Maiztegui, C. (2000). La interrelación entre los distintos agentes implicados en el deporte escolar. un análisis de sus demandas desde el punto de vista de los educadores deportivos. En Maiztegui, C. y Pereda, V. (Ed.), *Ocio y deporte escolar* (pp. 41-63). Bilbao: Universidad de Bilbao.
- Azorín, F. y Sánchez-Crespo, J.L. (1994). *Métodos y aplicaciones del muestreo*. Madrid: Alianza Editorial, S.A.
- Babbie, E. R. (1998). *The practice of social research*. Belmont, CA: Wadsworth, Inc.
- Bisquerra, R. (. (2004). *Metodología de la investigación educativa*. Madrid: La Muralla.
- Blázquez, D. (1986). *Iniciación a los deportes de equipo*. Barcelona: Martínez Roca.
- Blázquez, D. (1995a). Elegir el deporte más adecuado. En D. Blázquez (Ed.), *La iniciación deportiva y el deporte escolar* (pp. 131-153). Barcelona: Inde.
- Blázquez, D. (1995b). *La iniciación deportiva y el deporte escolar*. Barcelona: Inde.
- Blázquez, D. (2005). Propuestas para un nuevo modelo. *Actas del I Congreso de deporte en edad escolar. Valencia, 27-29 Octubre.*
- Bocarro, J., Kanters, M. A., Casper, J., & Forrester, S. (2008). School physical education, extracurricular sports, and lifelong active living. *Journal of Teaching in Physical Education, 27*(2), 155-166.
- Boiché, J. C. S., & Sarrazin, P. G. (2007). Self-determination of contextual motivation, inter-context dynamics and adolescents' patterns of sport participation over time. *Psychology of Sport and Exercise, 8*(5), 685-
- Bottai, A. (2007). *Importancia del deporte como contenido didáctico-pedagógico de la educación física en la escuela primaria.* Retrieved 25 de agosto, 2009, from http://www.portalfitness.com/Nota.aspx?i=1100
- Bravo, R. (2000). Equipamiento e instalaciones para el desarrollo de las actividades físico-deportivas. En Párraga, J.A. y Zagalaz, M.L. (Ed.), *Reflexiones sobre educación física y deporte en edad escolar* (pp. 55-77). Jaén: Universidad de Jaén.
- Bugeda, J. (1975). *Manual de técnicas de investigación social*. Madrid: IEP.

- Burriel, J.C. y Carranza, M. (1995). Marco organizativo del deporte escolar. En A. Blázquez (Ed.), *La iniciación deportiva y el deporte escolar* (pp. 431-448). Barcelona: Inde.
- Calzada, A. (2004). Deporte y educación. *Revista de Educación, 335*, 45-60.
- Camerino, O. (2008). ¿Cómo generar un deporte escolar recreativo? En Hernández, I. Martínez, L.F. y Águila, C. (Ed.), *El deporte escolar en la sociedad contemporánea* (pp. 123-134). Almería: Editorial Universidad de Almería.
- Carta Europea del Deporte. (1992). Carta Europea del Deporte (Rodas, 14 y 15 de mayo de 1992). 7ª Conferencia de Ministros Europeos Responsables del Deporte. Rodas.
- Carranza, M. (2008). Deporte y educación: El nuevo modelo de deporte en edad escolar de la ciudad de Barcelona. En Hernández, I. Martínez, L.F. y Águila, C. (Ed.), *El deporte escolar en la sociedad contemporánea* (pp. 89-101). Almería: Editorial Universidad de Almería.
- Castejón, F. J. (2008). Deporte escolar y competición. En Hernández, I. Martínez, L.F. y Águila, C. (Ed.), *El deporte escolar en la sociedad contemporánea* (pp. 157-177). Almería: Editorial Universidad de Almería.
- Cecchini, J.A., González, C., Carmona, A.M. y Contreras, O.R. (2004). Relaciones entre el clima motivacional, la orientación de meta, la motivación intrínseca, la autoconfianza, la ansiedad y el estado de ánimo en jóvenes deportistas. *Psicothema, 16*(1), 104-109.
- Cohen, L. y Manion, L. (1990). *Métodos de investigación educativa*. Madrid: La muralla.
- Conde, M. R. (2000). Actividades físicas en el medio natural. En Zagalaz, Mª.L. y Cepero, M. (Ed.), *Educación física y su didáctica: Manual para el maestro generalista* (pp. 249-269). Jaén: Editorial Jabalcuz.
- Contreras, O. R. (2000). El deporte educativo: Algunas controversias sobre el carácter educativo del deporte y su inclusión como iniciación deportiva en Educación Primaria. En Párraga, J.A. y Zagalaz, M.L. (Ed.), *Reflexiones sobre educación física y deporte en edad escolar* (pp. 37-54). Jaén: Universidad de Jaén.
- Contreras, O.R., De la Torre, E. y Velázquez, R. (2001). *Iniciación deportiva*. Madrid: Editorial Síntesis, S.A.
- Cortada de Kohan, N., Macbeth, G. y López, A. (2008). *Técnicas de investigación científica*. Buenos Aires: Lugar Editorial.
- Cruz, J. (1997). *Psicología del deporte*. Madrid: Síntesis.
- De la Orden, A. (1985). *La investigación educativa*. Madrid: Anaya.
- Del Rincón, D., Arnal, J., Latorre, A. y Sans, A. (1995). *Técnicas de investigación en ciencias sociales*. Madrid: Dykinson.
- Dechavanne, N. (1991). *El animador de las actividades físico-deportivas para todos*. Madrid: Ministerio de Educación y Ciencia.
- Decreto 6/2008, de 15 de enero, por el que se regula el deporte en edad escolar en Andalucía (BOJA 21, de 30 de enero),
- Decreto 51/2005, de 30 de Junio, sobre la actividad deportiva (B.O.C. y L. 130, de 6 de Julio).
- Decreto 227/2002, de 10 de septiembre, de formulación del Plan General del Deporte de Andalucía.
- Decreto 390/2008, de 17 de junio, por el que se acuerda la formulación del Plan Estratégico General del Deporte en Andalucía para el período 2008-2016,
- Devís, J. (1995). Deporte, educación y sociedad. Hacia un deporte escolar diferente. *Revista de Educación, 306*, 455-472.

- Devís, J. (1996). *Educación física, deporte y currículum.* Madrid: Visor.
- Devís, J. y Peiró, C. (1992). *Nuevas perspectivas curriculares en educación física: La salud y los juegos modificados.* Barcelona: Inde.
- Díaz de Rada, V. (2002). *Tipos de encuestas y diseños de investigación.* Pamplona: Universidad Pública de Navarra, D.L.
- Eime, R. M., & Payne, W. R. (2009). Linking participants in school-based sport programs to community clubs. *Journal of Science and Medicine in Sport, 12*(2), 293-299.
- Fox, D. (1981). *El proceso de investigación en educación.* Pamplona: EUNSA.
- Fraile, A. (1996). Reflexiones sobre la presencia del deporte en la escuela. *Revista De Educación Física, 64*, 5-10.
- Fraile, A. (1997). Perspectiva crítica de una experiencia de deporte escolar. en II jornadas de sociología del deporte. Málaga: Unisport., 178-202.
- Fraile, A. (2000). Deporte escolar e instituciones públicas. En Párraga, J.A. y Zagalaz, M.L. (Ed.), *Reflexiones sobre educación física y deporte en edad escolar* (pp. 139-161). Jaén: Universidad de Jaén.
- Fraile, A. e. a. (2004). *El deporte escolar en el siglo XXI: análisis y debate desde una perspectiva europea.* Barcelona: Editorial GRAÓ.
- Fraile, A. y De Diego, R. (2006). Motivaciones de los escolares europeos para la práctica del deporte escolar. *Revista Internacional De Sociología, 64*(44), 85-109.
- García Ferrando, M. (1993). *Tiempo libre y hábitos deportivos de los jóvenes españoles.* Madrid: Instituto de la Juventud.
- Giménez, F.J. y Sáenz-López, P. (1997). Decálogo de los derechos del joven deportista. En Giménez, F.J., Sáenz-López, P. y Díaz, M. (Ed.), *El deporte escolar* (pp. 63-74). Huelva: Universidad de Huelva.
- Gómez, J. y García, J. (1993). *El deporte en edad escolar.* Madrid: FEMP.
- González Molina, A. (2003). *Propuesta para el diseño de un modelo de planificación y organización del deporte escolar en canarias.* Tesis doctoral. Universidad de las Palmas de Gran Canaria, Las Palmas de Gran Canaria.
- González, S., García, L.M., Contreras, O.R. y Sánchez-Mora, D. (2009). El concepto de iniciación deportiva en la actualidad. *Retos. Nuevas Tendencias En Educación Física, Deporte y Recreación, 15*, 14-20.
- Gutiérrez, M. (1995). *Valores sociales y deporte.* Madrid: Gymnos.
- Hernández, F. J. (1989). La delimitación del concepto escolar y su agonismo en la sociedad de nuestro tiempo. *Revista Apunts, 16-17*, 76-80.
- Hernández, R., Fernández, C. y Baptista, P. (1991). *Metodología de la investigación.* México: McGRAW-HILL.
- Hernández, I. Martínez, L.F. y Águila, C. (2008). *El deporte escolar en la sociedad contemporánea.* Almería: Editorial Universidad de Almería.
- Instrucciones, de 03 de octubre de 2008, de la Dirección General de Participación y Equidad en Educación sobre el Programa el Deporte en la Escuela para el curso escolar 2008/2009.
- Jiménez, F. (2006). Hacia un deporte en la escuela sin exclusiones. En Ministerio de Educación y Ciencia (Ed.), *Juego y deporte en el ámbito escolar: Aspectos curriculares y actuaciones prácticas* (pp. 259-292). Madrid: MEC. Secretaría General Técnica.
- Ketele, J. y Roegiers, X. (1993). *Methodologie du recueil d'informations.* Bruselas: De Boech-Wesmael.
- La Constitución Española de 6 de diciembre de 1978.
- Latorre, A., Del Rincón, D. y Arnal, J. (2005). *Bases metodológicas de la investigación educativa.* Barcelona: Ediciones Experiencia, S.L.

- Laure, P., & Binsinger, C. (2009). L'activité physique et sportive régulière : Un déterminant des résultats scolaires au collège. *Science & Sports, 24*(1), 31-35.
- Le Boulch, J. (1991). *El deporte educativo*. Buenos Aires: Ed. Paidós.
- Ley 10/1990, de 15 de octubre, del Deporte. (BOE 249 de 17 de octubre).
- Ley 14/1998, de 11 de Junio, del Deporte del País Vasco. (BOPV 118, de 25 de Junio).
- Ley 6/1998, de 14 de diciembre, del Deporte de Andalucía. (BOJA 148, de 29 de diciembre).
- Ley 2/2003, de 28 de Marzo, del Deporte de Castilla y León (BOE 97, de 23 de Abril).
- Lincoln, Y.S. y Guba, E.G. (1985). *Naturalistic inquiry*. Beverly Hills C.A.: Sage.
- López, J. M. (2000). El juego en la educación primaria. En Zagalaz, Mª.L. y Cepero, M. (Ed.), *Educación física y su didáctica: Manual para el maestro generalista* (pp. 133-153). Jaén: Editorial Jabalcuz.
- Mandado, A. y Díaz, P. (2004). Deporte y educación: Pautas para hacer compatible el rendimiento y el desarrollo integral de los jóvenes deportistas. *Revista de Educación, 335*, 34-44.
- Martínez, L. F. (2008). El deporte y la escuela: Del recreo a la educación física, de la educación física a las actividades extraescolares. En Hernández, I. Martínez, L.F. y Águila, C. (Ed.), *El deporte escolar en la sociedad contemporánea* (pp. 61-87). Almería: Editorial Universidad de Almería.
- Martos, M. M. (2000). La iniciación deportiva. En Zagalaz, Mª.L. y Cepero, M. (Ed.), *Educación física y su didáctica: Manual para el maestro generalista* (pp. 155-190)
- Mayntz, R., Holm, K. y Hübner, P. (2005). *Introducción a los métodos de la sociología empírica*. Madrid: Alianza Universidad.
- McMillan, J.H. y Schumacher, S. (2005). *Investigación educativa*. Madrid: Pearson.
- Monteagudo, M. J. (1996). El ocio en los escolares de zalla: Actividades y aspiraciones. *Revista de Ciencias de la Educación, 165*, 131-142.
- Monteagudo, M. J. (2000). El deporte escolar durante la infancia: Claves para la gestación de preferencias y adquisición de hábitos deportivos. En Maiztegui, C. y Pereda, V. (Ed.), *Ocio y deporte escolar* (pp. 113-141). Bilbao: Universidad de Bilbao.
- Moreno, M. (1998). El deporte escolar como labor intencionada de intervención psicopedagógica y de aprendizaje. En Ruiz, F., García, A. y Casimiro, A.J. (Ed.), *Nuevos horizontes en la educación física y el deporte escolar* (pp. 167-179). Almería:
- DADA - Observatorio del Deporte Andaluz. (2001). *El deporte en Andalucía*. Málaga: IAD.
- Orden de 12 de julio de 2001, conjunta de las Consejerías de Turismo y Deporte y de Educación y Ciencia, por la que se regula el Programa Deporte Escolar en Andalucía y se procede a la convocatoria correspondiente al año 2001, para la presentación de las solicitudes de inclusión en el mismo. (BOJA 102, de 14 de septiembre).
- ORDEN de 6 de abril de 2006, por la que se regula la organización y el funcionamiento de los centros docentes públicos autorizados para participar en el programa "El Deporte En La Escuela". (BOJA 84, de 5 de mayo de 2006).
- ORDEN de 21 de julio de 2006, por la que se regula el procedimiento para la elaboración, solicitud, aprobación, aplicación, seguimiento y evaluación de los planes y proyectos educativos que puedan desarrollar los Centros Docentes sostenidos con fondos públicos y que precisen de aprobación por la Administración Educativa. (BOJA 149, de 3 de agosto de 2006),
- ORDEN de 9 de septiembre de 2008, por la que se deroga la de 21 de julio de 2006, por la que se regula el procedimiento para la elaboración, solicitud, aprobación, aplicación, seguimiento y evaluación de los planes y proyectos educativos que pue-

dan desarrollar los centros docentes sostenidos con fondos públicos y que precisen de aprobación por la administración educativa (BOJA 183, de 15 de septiembre).
- Ortúzar, I. (2004). *El deporte escolar y el profesorado de educación física*. Tesis doctoral. Universidad del País Vasco, Bizkaia.
- Parlebas, P. (1988). *Elementos de sociología del deporte*. Málaga: Unisport.
- Pereda, V. (2000). El deporte escolar y su implicación en el centro educativo. En Maiztegui, C. y Pereda, V. (Ed.), *Ocio y deporte escolar* (pp. 65-90). Bilbao: Universidad de Bilbao.
- Petrus, A. (1988). El deporte escolar hoy: Valores y conflictos. *Aula de Innovación Educativa, 68*(6), 10.
- Pintor Díaz, P. (2003). *Estudio del deporte escolar en la isla de Tenerife*. Tesis doctoral. Universidad de las Palmas de Gran Canaria, Las Palmas de Gran Canaria.
- Romero, S. (2006). El deporte escolar. Sentido y alcance en la actualidad. En Ministerio de Educación y Ciencia (Ed.), *Juego y deporte en el ámbito escolar: Aspectos curriculares y actuaciones prácticas* (pp. 131-155). Madrid: MEC. Secretaría General Técnica.
- Romero, S., Garrido, M.E. y Zagalaz, Mª. L. (2009). El comportamiento de los padres en el deporte. *Retos. Nuevas Tendencias en Educación Física, Deporte y Recreación, 15*, 29-34.
- Ruiz, G. y Cabrera, D. (2004). Los valores en el deporte. *Revista de Educación, 335*, 9-19.
- Santos, M. L. (2008). Una alternativa al deporte escolar. En Hernández, I. Martínez, L.F. y Águila, C. (Ed.), *El deporte escolar en la sociedad contemporánea* (pp. 197-208). Almería: Editorial Universidad de Almería.
- Seirul.lo, F. (1995). Valores educativos del deporte. En A. Blázquez (Ed.), *La iniciación deportiva y el deporte escolar* (pp. 61-75). Barcelona: Inde.
- Serrano, J. A. (1989). Consideraciones acerca de la práctica de actividad física en el horario extraescolar en alumnos de enseñanzas medias. *Revista Apunts, 16-17*, 129-136.
- Tinning, R. (1992). *La educación física: La escuela y sus profesores*. Valencia: Universidad de Valencia.
- Torres, J. (1999). *La actividad física para el ocio y el tiempo libre*. Granada: Proyecto Sur de Ediciones, D.L.
- Torres, J. (2008). Una propuesta metodológica para el deporte escolar con objetivos de recreación. En Hernández, I. Martínez, L.F. y Águila, C. (Ed.), *El deporte escolar en la sociedad contemporánea* (pp. 103-121). Almería: Editorial Universidad de Almería.
- Trepat de Francisco, D. (1995). La educación en valores a través de la iniciación deportiva. En A. Blázquez (Ed.), *La iniciación deportiva y el deporte escolar* (pp. 95-112). Barcelona: Inde.
- Ureña, F. (2000). Deporte escolar. Educación y salud. En VV.AA. (Ed.), *La educación olímpica* (pp. 105-122). Murcia: Ayuntamiento de Murcia.
- Whein, H. (2008). La necesidad de crear en el deporte escolar competiciones a la medida del niño. En Hernández, I. Martínez, L.F. y Águila, C. (Ed.), *El deporte escolar en la sociedad contemporánea* (2008th ed., pp. 179-196). Almería: Editorial Universidad de Almería.
- Zagalaz, Mª.L. y Romero, S. (2004). *Deporte para la guerra, versus deporte para la paz: Reflexiones sobre el carácter educativo del deporte*. Retrieved 20 de agosto, 2009, from http://aufop.com/aufop/uploaded_files/articulos/1227715258.pdf

ANEXOS

ANEXO 1

BASE DE DATOS DE CENTROS EDUCATIVOS INCLUIDOS EN EL PROGRAMA EL DEPORTE EN LA ESCUELA DESDE EL COMIENZO DE SU IMPLANTACIÓN (CURSO ESCOLAR 2006-2007) – SITUACIÓN ACTUAL
(Extraído de SÉNECA3)

Código del Centro	Centro	Localidad	Inicio Curso Escolar
23000015	CEIP Fernando Molina	Albanchez de Mágina	06-07
23000076	CEIP José Garnica Salazar	Alcalá la Real	07-08
23000106	IES Alfonso XI	Alcalá la Real	06-07
23601230	C.P.R. El Olivo	Alcalá la Real	07-08
23700542	IES Antonio de Mendoza	Alcalá la Real	07-08
23000118	CEIP Alonso de Alcalá	Alcalá la Real	08-09
23000283	CEIP Virgen del Carmen	Alcaudete	06-07
23000295	CEIP Juan Pedro	Alcaudete	06-07
23005530	CEIP Rafael Aldehuela	Alcaudete	06-07
23000131	IES Sierra Morena	Andújar	06-07
23000556	IES Ntra. Sra. de La Cabeza	Andújar	06-07
23005177	CEIP Félix Rodríguez de la Fuente	Andújar	06-07
23000507	CEIP San Eufrasio	Andújar	08-09
23005694	IES Jándula	Andújar	08-09
23001147	CEIP Gregorio Aguilar	Arbuniel	08-09
23000726	CEIP García Morente	Arjonilla	06-07
23700591	IES Juan del Villar	Arjonilla	08-09
23000738	CEIP San José de Calasanz	Arquillos	08-09
23000817	IES Santísima Trinidad	Baeza	06-07
23000830	IES Andrés de Vandelvira	Baeza	07-08
23000799	CEIP Antonio Machado	Baeza	08-09
23000805	CEIP Ángel López Salazar	Baeza	08-09
23000039	CPR General Castaños	Bailén	06-07
23000143	IES Hermanos Medina Rivilla	Bailén	06-07

---

[3] https://www.juntadeandalucia.es/educacion/seneca/seneca/jsp/pag_inicio800.html

Código del Centro	Centro	Localidad	Inicio Curso Escolar
23000911	CEIP Pedro Corchado	Bailén	06-07
23000921	CPR 19 de Julio	Bailén	06-07
23005748	CEIP Nuestra Señora de Zocueca	Bailén	06-07
23700840	IES María Bellido	Bailén	06-07
23000982	C.E.PR. Víctor García Hoz	Beas de Segura	08-09
23001071	CEIP Torre del Lucero	Bélmez de la Moraleda	08-09
23001123	CEIP Arturo del Moral	Cabra del Santo Cristo	07-08
23001159	CEIP Castillo de Alhabar	Cambil	07-08
23001214	CEIP Maestro Carlos Soler	Cárchel	06-07
23001330	CEIP Miguel Hernández	Castillo de Locubín	06-07
23700657	IES Pablo Rueda	Castillo de Locubín	08-09
23001433	CEIP Santa María de Nazaret	Chiclana de Segura	08-09
23001469	CEIP Nuestra Señora de la Paz	Chilluévar	07-08
23601254	C.P.R. Los Valles	Collejares	07-08
23601291	C.P.R. Sierra de Segura	Cortijos Nuevos	08-09
23601138	C.P.R. Alto Guadalquivir	Coto Ríos	08-09
23004094	CEIP Donadío	Donadío	07-08
23001536	CEIP Santa Lucía	Frailes	07-08
23001548	CEIP Virgen de La Fuensanta	Fuensanta de Martos	06-07
23001585	CEIP San Marcos	Garcíez	08-09
23001627	CEIP Carlos III	Guarromán	07-08
23601333	CEIP Nuestra Señora de la Asunción	Hornos	08-09
23001767	CEIP Alférez Segura	Huesa	06-07
23700682	IES Picos del Guadiana	Huesa	08-09
23700694	IES Pedro Pablo López de los Arcos	Ibros	07-08
23001809	CEIP Santísimo Cristo de Vera Cruz	Iznatoraf	08-09
23001810	CEIP Nuestro Padre Jesús	Jabalquinto	08-09
23002097	CEIP Sto. Domingo	Jaén	06-07
23002152	CEIP Peñamefécit	Jaén	06-07
23002164	CEIP Ruiz Jiménez	Jaén	06-07
23002231	CEIP Ramón Calatayud	Jaén	06-07
23002255	CEIP Almadén	Jaén	06-07
23002267	CEIP Nuestra Señora de La Capilla	Jaén	06-07
23002401	IES Virgen del Carmen	Jaén	07-08

Código del Centro	Centro	Localidad	Inicio Curso Escolar
23002413	IES Santa Catalina de Alejandría	Jaén	06-07
23002474	IES Jabalcuz	Jaén	07-08
23002498	CEIP Navas de Tolosa	Jaén	06-07
23005062	IES Auringis	Jaén	06-07
23700271	IES El Valle	Jaén	06-07
23700827	IES Az-Zait	Jaén	07-08
23700839	IES Santa Teresa	Jaén	07-08
23700876	IES García Lorca	Jaén	06-07
23002191	CEIP Martín Noguera	Jaén	08-09
23002188	CEIP Agustín Serrano de Haro	Jaén	08-09
23002140	CEIP Santo Tomás	Jaén	08-09
23002486	CEIP Cándido Nogales	Jaén	08-09
23002449	IES Las Fuentezuelas	Jaén	08-09
23005906	IES Fuente de la Peña	Jaén	08-09
23002206	CEIP Jesús-María	Jaén	08-09
23002504	CEIP Padre Rejas	Jamilena	06-07
23700724	IES Sierra de la Grana	Jamilena	08-09
23002516	CEIP Ntra. Señora de los Remedios	Jimena	08-09
23002528	C.E.PR. Virgen de Fátima	Jódar	07-08
23002531	CEIP General Fresneda	Jódar	06-07
23002541	IES Juan López Morillas	Jódar	07-08
23004938	IES Narciso Mesa Fernández	Jódar	07-08
23005451	CEIP Doctor Fleming	Jódar	06-07
23005773	C.E.PR. Maestros Arroquia-Martínez	Jódar	07-08
23001238	CEIP Carlos III	La Carolina	06-07
23001263	CEIP Manuel Andújar	La Carolina	06-07
23001287	IES Martín Halaja	La Carolina	06-07
23005049	IES Pablo de Olavide	La Carolina	06-07
23700554	IES Juan Pérez Creus	La Carolina	06-07
23001275	CEIP Palacios Rubio	La Carolina	08-09
23001603	CEIP Real Mentesa	La Guardia de Jaén	06-07
23601114	C.P.R. Atalaya	La Iruela	07-08
23002711	CEIP Santa Ana	Linares	07-08
23002760	CEIP Jaén	Linares	06-07
23002784	CEIP Tetuán	Linares	07-08
23002796	CEIP Colon	Linares	06-07
23005189	C.E.PR. Los Arrayanes	Linares	07-08
23700281	IES Oretania	Linares	06-07
23700888	IES Santa Engracia	Linares	06-07

Código del Centro	Centro	Localidad	Inicio Curso Escolar
23002759	CEIP Virgen de Linarejos	Linares	08-09
23002735	CEIP Padre Poveda	Linares	08-09
23002905	CEIP Miguel de Cervantes	Lopera	08-09
23004641	CEIP Nuestra Señora del Rosario	Los Villares	06-07
23002942	CEIP Sixto Sígler	Mancha Real	06-07
23005074	IES Peña del Águila	Mancha Real	06-07
23005153	IES Sierra Mágina	Mancha Real	07-08
23601311	CEIP San José de Calasanz	Mancha Real	06-07
23601321	CEIP San Marcos	Mancha Real	06-07
23700177	Residencia Escolar La Granja	Marmolejo	06-07
23003107	CEIP Virgen de La Villa	Martos	06-07
23003132	IES San Felipe Neri	Martos	06-07
23003090	CEIP San Amador	Martos	08-09
23003181	CEIP José Plata	Mengíbar	06-07
23005207	CEIP Manuel de La Chica	Mengíbar	06-07
23700301	IES Albariza	Mengíbar	06-07
23004461	CEIP San Vicente Mártir	Mogón	08-09
23700578	IES San Juan Bautista	Navas de San Juan	07-08
23003247	C.E.PR. Virgen de la Estrella	Navas de San Juan	08-09
23000349	CEIP San Miguel	Noguerones	08-09
23003284	CEIP Ntra. Señora de la Encarnación	Peal de Becerro	06-07
23005931	CEIP Antonio Machado	Peal de Becerro	07-08
23700487	IES Almicerán	Peal de Becerro	07-08
23700761	IES Alhajar	Pegalajar	08-09
23005372	IES Guadalentín	Pozo Alcón	07-08
23700426	IES Cañada de las Fuentes	Quesada	07-08
23005943	CEIP José Luis Verdes	Quesada	08-09
23003429	CEIP Virgen del Tíscar	Quesada	08-09
23003442	CEIP Nueva Andalucía	Rus	06-07
23700785	IES Ruradia	Rus	07-08
23601102	C.P.R. Sierra Sur	Santa Ana	07-08
23003466	CEIP Carlos III	Santa Elena	07-08
23003570	Residencia Escolar Mirasierra	Santiago de la Espada	08-09
23003569	CEIP Santiago Apóstol	Santiago de la Espada	08-09
23003612	CEIP Bachiller Pérez de Moya	Santisteban del Puerto	08-09

Código del Centro	Centro	Localidad	Inicio Curso Escolar
23003673	CEIP Ntra. Señora de los Remedios	Santo Tomé	08-09
23700323	IES Doctor Francisco Marín	Siles	07-08
23003892	CEIP Padre Manjón	Sorihuela del Guadal.	08-09
23000180	IES Torreolvidada	Torredelcampo	06-07
23003922	CEIP San Isidoro	Torredelcampo	06-07
23005499	CEIP Príncipe Felipe	Torredelcampo	06-07
23005505	CEIP Juan Carlos I	Torredelcampo	07-08
23003983	IES Santo Reino	Torredonjimeno	06-07
23700335	IES Acebuche	Torredonjimeno	07-08
23005839	CEIP Ponce de León	Torredonjimeno	08-09
23004011	CEIP Ntra. Señora de la Misericordia	Torreperogil	07-08
23004057	CEIP Aznaitín	Torres	06-07
23601126	C.P.R. El Collao	Torres de Albanchez	08-09
23004252	IES San Juan de la Cruz	Úbeda	07-08
23005190	CEIP Juan Pascuau	Úbeda	06-07
23004239	CEIP Sebastián de Córdoba	Úbeda	08-09
23004215	CEIP Virgen de Guadalupe	Úbeda	08-09
23004264	IES Los Cerros	Úbeda	08-09
23004291	CEIP Santiago Apóstol	Valdepeñas de Jaén	06-07
23005608	CEIP San Juan	Valdepeñas de Jaén	06-07
23700347	IES Sierra Sur	Valdepeñas de Jaén	06-07
23601242	CPR Valle de San Juan	Ventas del Carrizal	06-07
23004379	CEIP Nuestra Señora del Castillo	Vilches	06-07
23700359	IES Abula	Vilches	08-09
23005611	CEIP Pintor Cristóbal Ruiz	Villacarrillo	06-07
23700864	IES Sierra de las Villas	Villacarrillo	08-09
23004562	CEIP Santa Potenciana	Villanueva de la Reina	07-08
23700803	IES Juan de Barrionuevo Moya	Villanueva de la Reina	07-08
23005104	Residencia Escolar Bellavista	Vva. del Arzobispo	06-07
23004604	CEIP Ntra. Sra. De la Fuensanta	Vva. del Arzobispo	08-09

Código del Centro	Centro	Localidad	Inicio Curso Escolar
23004631	CEIP San Francisco de Asís	Villardompardo	08-09
23004653	CEIP Francisco Badillo	Villargordo	06-07
23700815	IES Llano de la Viña	Villargordo	07-08

ANEXO 2

CENTROS PÚBLICOS Y NÚMERO DE ALUMNOS DE EDUCACIÓN PRIMARIA (INCLUÍDOS SEMI-D) POR CURSOS EN LA PROVINCIA DE JAÉN DURANTE EL CURSO 2008 – 2009 *(Extraído de SÉNECA4)*

Código Centro	Centro	Localidad	Cursos								TOTAL ALUMNOS
			1º EP	2º EP	3º EP	4º EP	5º EP	6º EP	1º ESO	2º ESO	
23601266	C.P.R. Camilo José Cela	Agrupacion de Mogón	7	2	2	3	7	5	4	5	35
23000015	C.E.I.P. Fernando Molina	Albánchez de Magina	6	11	10	11	8	11	16	10	83
23000118	C.E.I.P. Alonso de Alcalá	Alcalá la Real	48	63	58	75	66	81			391
23000076	C.E.I.P. José Garnica Salazar	Alcalá la Real	48	47	50	51	48	54			298
23601230	C.P.R. El Olivo	Alcalá la Real	17	13	21	26	18	25			120
23000283	C.E.I.P. Virgen del Carmen	Alcaudete	9	17	17	21	15	16			95
23000295	C.E.PR. Juan Pedro	Alcaudete	51	49	47	51	53	47			298
23005530	C.E.PR. Rafael Aldehuela	Alcaudete	27	39	25	26	33	50			200
23003211	C.E.I.P. San Gabriel	Aldeahermosa	18	11	5	9	7	11	12	11	84
23000362	C.E.I.P. San Miguel	Aldeaquemada	4	3	6	5	5	2	4	4	33
23000453	C.E.I.P. Capitán Cortes	Andújar	50	51	46	43	50	52			292
23000490	C.E.I.P. Cristo Rey	Andújar	46	46	48	50	49	50			289
23005177	C.E.I.P. Félix Rodriguez de la Fuente	Andújar	40	25	21	22	18	42			168
23004941	C.E.I.P. Francisco Estepa Llaurens	Andújar	24	14	15	18	18	31			120
23000477	C.E.I.P. Isidoro Vilaplana	Andújar	10	16	4	10	16	18			74
23000489	C.E.I.P. José Ruiz de Gordoa	Andújar	14	16	18	21	24	33			126
23000465	C.E.I.P. San Bartolomé	Andújar	24	26	22	23	20	29			144

[4] https://www.juntadeandalucia.es/educacion/seneca/seneca/jsp/pag_inicio800.html

Código Centro	Centro	Localidad	Cursos								TOTAL ALUMNOS
			1º EP	2º EP	3º EP	4º EP	5º EP	6º EP	1º ESO	2º ESO	
23000507	C.E.I.P. San Eufrasio	Andújar	23	17	15	18	24	19			116
23001147	C.E.I.P. Gregorio Aguilar	Arbuniel	2	4	6	7	6	4			29
23000696	C.E.I.P. San Bonoso y San Maximiano	Arjona	58	49	57	77	78	64			383
23000726	C.E.I.P. García Morente	Arjonilla	48	37	33	46	37	43			244
23000738	C.E.I.P. San José de Calasanz	Arquillos	15	10	21	22	33	18	29	23	171
23005128	C.E.I.P. Francisco Vílchez	Arroyo del Ojanco	26	36	36	32	17	32			179
23000805	C.E.I.P. Ángel López Salazar	Baeza	40	47	42	49	50	49			277
23000799	C.E.I.P. Antonio Machado	Baeza	64	55	76	77	64	68			404
23000787	C.E.I.P. San Juan de la Cruz	Baeza	29	49	39	47	46	45			255
23005748	C.E.I.P. Ntra. Sra. De Zocueca	Bailén	43	43	45	47	42	38			258
23000911	C.E.I.P. Pedro Corchado	Bailén	52	61	67	76	67	71			394
23000921	C.E.PR. Diecinueve de Julio	Bailén	14	23	17	15	30	21			120
23000039	C.E.PR. General Castaños	Bailén	38	40	43	44	40	38			243
23000945	C.E.I.P. Nuestro Padre Jesús del Llano	Baños de la Encina	25	35	21	21	24	35			161
23000982	C.E.PR. Víctor García Hoz	Beas de Segura	65	42	65	65	52	66			355
23001056	C.E.I.P. Virgen de Cuadros	Bedmar	28	22	31	38	28	24			171
23001068	C.E.I.P. Ramón Mendoza	Begíjar	30	19	32	60	40	45			226
23001071	C.E.I.P. Torre del Lucero	Bélmez de la Moraleda	9	15	18	18	15	19	21	19	134
23000337	C.E.I.P. Pablo Picasso	Bobadilla	3	8	4	7	6	9	7	17	61
23001123	C.E.I.P. Arturo del Moral	Cabra de Santo Cristo	24	27	23	16	22	28	29	28	197
23001159	C.E.I.P. Castillo de Alhabar	Cambil	8	24	25	24	21	19	39	43	203
23001160	C.E.I.P. Virgen de la Cabeza	Campillo de Arenas	19	21	20	32	23	30			145

Código Centro	Centro	Localidad	Cursos								TOTAL ALUMNOS
			1º EP	2º EP	3º EP	4º EP	5º EP	6º EP	1º ESO	2º ESO	
23003909	C.E.I.P. Federico García Lorca	Campillo del Río	6	7	4	8	11	8	10	9	63
23001172	C.E.I.P. Ntra.Sra. De los Remedios	Canena	14	23	22	17	28	25	33	25	187
23601163	C.E.I.P. Los Álamos	Carboneros	2	8	4	8	4	6	4	8	44
23001214	C.E.I.P. Maestro Carlos Soler	Carchel	5	14	13	20	14	21	19	19	125
23001329	C.E.I.P. Román Crespo Hoyo	Castellar	25	38	33	47	35	47			225
23001330	C.E.I.P. Miguel Hernández	Castillo de Locubín	25	30	29	44	28	39			195
23001366	C.E.I.P. Martín Peinado	Cazalilla	8	13	6	5	9	8	9	13	71
23001408	C.E.I.P. San Isicio	Cazorla	46	36	39	39	45	35			240
23001378	C.E.I.P. Virgen de la Cabeza	Cazorla	24	33	32	47	40	38			214
23001433	C.E.I.P. Santa María de Nazaret	Chiclana de Segura	9	7	10	9	8	4	8	8	63
23001469	C.E.I.P. Ntra.Sra. De la Paz	Chilluévar	13	18	15	21	14	17	18	17	133
23601254	C.P.R. Los Vallés	Collejares	5	5	9	2	5	6			32
23601291	C.P.R. Sierra de Segura	Cortijos Nuevos	13	24	18	24	21	25			125
23601138	C.P.R. Alto Guadalquivir	Coto Ríos	9	4	3	10	4	14	3	3	50
23004094	C.E.I.P. Donadio	Donadio	3	6	1	7	3	2	8	2	32
23001470	C.E.I.P. José Yanguas Messia	Escañuela	8	9	17	14	9	12	10	12	91
23005293	C.E.I.P. San Isidro	Fontanar	0	2	0	0	0	0			2
23001536	C.E.I.P. Santa Lucía	Frailes	12	18	15	19	15	19	11	23	132
23001548	C.E.I.P. Virgen de la Fuensanta	Fuensanta de Martos	23	17	34	39	29	23			165
23005271	C.E.PR. Fuente del Espino	Fuensanta de Martos	0	0	1	0	2	1			4
23001573	C.E.I.P. Ntra.Sra. Del Rosario	Fuerte del Rey	17	16	18	17	14	18	16	13	129
23001585	C.E.I.P. San Marcos	Garcíez	2	3	6	7	6	8			32
23005852	C.E.I.P. San Isidro	Guadalen del Caudillo	2	3	1	4	2	7			19
23002917	C.E.I.P. Virgen del Pilar	Guadalimar del	0	2	3	2	2	4	3	1	17

Código Centro	Centro	Localidad	Cursos								TOTAL ALUMNOS
			1º EP	2º EP	3º EP	4º EP	5º EP	6º EP	1º ESO	2º ESO	
		Caudillo									
23001627	C.E.I.P. Carlos III	Guarromán	28	36	31	34	20	35			184
23001652	C.E.I.P. San Sebastián	Higuera de Calatrava	7	5	7	2	7	6	8	5	47
23001676	C.E.I.P. Santo Cristo del Perdón	Hinojares	1	3	2	0	0	1			7
23601333	C.E.I.P. Ntr. Sr. De la Asunción	Hornos	8	8	2	6	6	3			33
23001743	C.E.I.P. Virgen de la Fuensanta	Huelma	54	52	75	77	59	67			384
23001767	C.E.I.P. Alférez Segura	Huesa	26	31	30	34	24	16			161
23001779	C.E.I.P. Ntra.Sra. De los Remedios	Ibros	38	33	43	37	35	35			221
23001809	C.E.I.P. Sto.Cristo de Vera Cruz	Iznatoraf	7	10	7	7	10	7	6	14	68
23001810	C.E.I.P. Ntro.Padre Jesús	Jabalquinto	18	29	21	34	20	19			141
23002188	C.E.I.P. Agustín Serrano de Haro	Jaén	65	72	75	80	75	78			445
23002085	C.E.I.P. Alcalá Venceslada	Jaén	25	31	32	48	36	41			213
23002176	C.E.I.P. Alfredo Cazaban	Jaén	61	73	69	84	72	68			427
23002486	C.E.I.P. Cándido Nogales	Jaén	104	95	73	94	60	71			497
23004185	C.E.I.P. Gloria Fuertes	Jaén	23	11	0	0	0	0			34
23002206	C.E.I.P. Jesús-María	Jaén	38	28	27	35	27	29			184
23004793	C.E.I.P. María Zambrano	Jaén	21	9	0	0	0	0			30
23002191	C.E.I.P. Martín Noguera	Jaén	26	25	31	32	28	35			177
23004951	C.E.I.P. Muñoz Garnica	Jaén	11	9	14	15	11	4			64
23002498	C.E.I.P. Navas de Tolosa	Jaén	48	50	75	78	47	52			350
23002267	C.E.I.P. Ntra.Sra. De la Capilla	Jaén	50	52	65	52	49	53			321
23002152	C.E.I.P. Peñamefecit	Jaén	40	45	49	50	47	47			278
23002231	C.E.I.P. Ramón Calatayud	Jaén	62	59	51	75	64	68			379
23002164	C.E.I.P. Ruiz Jiménez	Jaén	15	20	29	20	18	31	46	45	224

Código Centro	Centro	Localidad	Cursos								TOTAL ALUMNOS
			1º EP	2º EP	3º EP	4º EP	5º EP	6º EP	1º ESO	2º ESO	
23002048	C.E.I.P. San José de Calasanz	Jaén	21	25	16	32	23	21			138
23002127	C.E.I.P. Santa Capilla de San Andrés	Jaén	25	24	22	25	25	25	30	24	200
23002097	C.E.I.P. Santo Domingo	Jaén	22	37	38	46	40	42			225
23002140	C.E.I.P. Santo Tomás	Jaén	28	48	34	49	38	40			237
23002255	C.E.PR. Almadén	Jaén	54	50	50	54	49	51			308
23002504	C.E.PR. Padre Rejas	Jamilena	48	44	35	41	39	36			243
23002516	C.E.I.P. Ntra.Sra.De los Remedios	Jimena	7	14	8	20	22	13	15	19	118
23005451	C.E.I.P. Doctor Fleming	Jódar	49	38	45	43	32	47	53	47	354
23002531	C.E.I.P. General Fresneda	Jódar	23	17	31	19	34	24	34	43	225
23005773	C.E.PR. Maestros Arroquia-Martínez	Jódar	47	59	49	50	46	51	53	51	406
23002528	C.E.PR. Virgen de Fátima	Jódar	46	49	49	43	59	49	41	68	404
23001238	C.E.I.P. Carlos III	La Carolina	53	51	40	43	40	49			276
23001263	C.E.I.P. Manuel Andújar	La Carolina	49	60	49	70	49	62			339
23001275	C.E.I.P. Palacios Rubio	La Carolina	79	54	43	74	45	52			347
23001603	C.E.I.P. Real Mentesa	La Guardia de Jaén	33	34	22	25	30	34	32	29	239
23601114	C.P.R. Atalaya	La Iruela	13	13	13	10	14	10	27	24	124
23601308	C.E.I.P. Pino Galapan	La Matea	0	3	1	2	7	4			17
23003405	C.E.I.P. San Blas	La Puerta de Segura	27	31	19	36	21	21			155
23001640	C.E.I.P. Santa Clara	Lahiguera	20	12	19	17	20	24	18	17	147
23002553	C.E.I.P. Ntra.Sra.De los Dolores	Larva	8	5	7	4	4	4	9	6	47
23003041	C.E.I.P. Antonio Pérez Cerezo	Las Casillas	2	0	1	7	4	4	1	4	23
23001500	C.E.I.P. San José	La Estación de Espelúy	7	13	8	10	3	6	14	16	77
23001822	C.E.I.P. Las Infantas	Las Infantas	4	6	0	0	0	0			10
23002577	C.E.I.P. Alfonso García Chamorro	Linarejos	7	15	12	15	12	16	22	10	109

Código Centro	Centro	Localidad	Cursos							TOTAL ALUMNOS
			1º EP	2º EP	3º EP	4º EP	5º EP	6º EP	1º ESO	2º ESO	
23002701	C.E.I.P. Andalucía	Linares	20	14	18	10	23	18			103
23002796	C.E.I.P. Colón	Linares	49	49	47	50	48	50			293
23002693	C.E.I.P. Europa	Linares	18	23	22	22	18	21			124
23002760	C.E.I.P. Jaén	Linares	47	48	50	48	45	50			288
23601205	C.E.I.P. Marqueses de Linares	Linares	33	36	41	46	50	37			243
23002735	C.E.I.P. Padre Poveda	Linares	25	26	22	25	19	25			142
23002711	C.E.I.P. Santa Ana	Linares	22	19	20	23	23	33			140
23002772	C.E.I.P. Santa Teresa Doctora	Linares	25	19	19	16	17	20			116
23002784	C.E.I.P. Tetuán	Linares	23	24	19	35	20	15			136
23002759	C.E.I.P. Virgen de Linarejos	Linares	21	25	22	25	21	30			144
23601187	C.E.PR. Francisco Baños	Linares	25	25	26	25	20	26			147
23005189	C.E.PR. Los Arrayanes	Linares	20	28	17	17	29	31			142
23601151	C.P.R. Guadalquivir	Llanos del Sotillo	11	8	12	20	13	16			80
23002905	C.E.I.P. Miguel de Cervantes	Lopera	43	41	55	49	48	47			283
23004641	C.E.I.P. Ntra. Sra. Del Rosario	Los Villares	54	67	69	61	65	55			371
23002929	C.E.I.P. Ntra. Sra. De Lorite	Lupión	3	3	6	5	3	9	10	5	44
23601311	C.E.I.P. San José Calasanz	Mancha Real	49	53	60	47	52	56			317
23601321	C.E.I.P. San Marcos	Mancha Real	51	52	50	59	55	53			320
23002942	C.E.I.P. Sixto Sigler	Mancha Real	21	33	26	28	27	28			163
23005013	C.E.I.P. Ntra. Sra. De la Paz	Marmolejo	19	26	26	42	31	46			190
23002991	C.E.I.P. San Julián	Marmolejo	41	52	50	44	48	46			281
23003090	C.E.I.P. San Amador	Martos	32	25	30	49	37	47			220
23005463	C.E.I.P. Tucci	Martos	52	55	50	56	68	50			331
23000040	C.E.PR. Hermanos Carvajales	Martos	37	56	38	51	50	52			284

Código Centro	Centro	Localidad	Cursos								TOTAL ALUMNOS
			1º EP	2º EP	3º EP	4º EP	5º EP	6º EP	1º ESO	2º ESO	
23003107	C.E.PR. Virgen de la Villa	Martos	50	49	50	50	51	52			302
23003181	C.E.I.P. José Plata	Mengíbar	44	41	37	45	42	37			246
23005207	C.E.I.P. Manuel de la Chica	Mengíbar	46	47	44	48	41	48			274
23005131	C.E.I.P. Santa María Magdalena	Mengíbar	28	34	39	44	41	50			236
23005967	C.E.PR. Miraelrio	Miraelrio	0	4	0	0	0	0			4
23004461	C.E.I.P. San Vicente Mártir	Mogon	9	8	9	7	12	9	11	11	76
23003168	C.E.I.P. Fernando IV	Monte Lope-Álvarez	6	5	2	3	9	11	7	4	47
23003247	C.E.PR. Virgen de la Estrella	Navas de San Juan	49	53	67	64	48	52			333
23001299	C.E.I.P. Navas de Tolosa	Navas de Tolosa	3	7	4	2	4	3			23
23003260	C.E.I.P. Ntra.Sra.De Belén	Noalejo	18	20	21	21	21	23	36	28	188
23000349	C.E.I.P. San Miguel	Noguerones	15	9	14	13	14	15	13	16	109
23601281	C.P.R. Santa María de la Peña	Orcera	17	24	25	32	22	22			142
23005931	C.E.I.P. Antonio Machado	Peal de Becerro	20	11	20	22	23	23			119
23003284	C.E.I.P. Ntra. Sra. De la Encarnación	Peal de Becerro	23	32	30	40	39	45			209
23003302	C.E.I.P. Ntra. Sra. De las Nieves	Pegalajar	30	37	33	28	32	38			198
23601011	C.E.I.P. San Juan Bautista	Peñolite	0	3	0	0	0	0			3
23005475	C.E.I.P. Juan Carlos I	Porcuna	34	49	64	67	48	53			315
23000751	C.E.PR. José Antonio	Porrosillo	5	1	0	0	0	0			6
23003387	C.E.I.P. Ntra.Sra. De los Dolores	Pozo Alcón	67	66	61	63	49	64			370
23003399	C.E.I.P. San Isidro Labrador	Puente de Génave	19	20	30	31	16	28			144
23601382	C.P.R.	Puente del Obispo	1	0	4	5	0	3			13
23005943	C.E.I.P. José Luis Verdes	Quesada	20	20	26	33	29	31			159
23003429	C.E.I.P. Virgen del Tíscar	Quesada	25	25	34	25	31	34			174
23003442	C.E.I.P. Nueva Andalucía	Rus	30	49	39	48	35	42			243

Código Centro	Centro	Localidad	1º EP	2º EP	3º EP	4º EP	5º EP	6º EP	1º ESO	2º ESO	TOTAL ALUMNOS
23003454	C.E.I.P. San Ginés de la Jara	Sabiote	40	37	47	63	48	51			286
23601102	C.P.R. Sierra Sur	Santa Ana	18	21	15	24	20	15			113
23003466	C.E.I.P. Carlos III	Santa Elena	13	8	13	3	5	8	11	10	71
23003478	C.E.I.P. Santiago Apóstol	Santiago de Calatrava	7	12	8	9	10	3	4	8	61
23003569	C.E.I.P. Santiago Apóstol	Santiago de la Espada	12	17	20	27	23	26			125
23002334	C.P.R. Zumeta-Segura	Santiago de la Espada	0	3	1	1	2	4			11
23000969	C.E.I.P. Nacimiento del Segura	Santiago-Pontones	2	3	0	2	5	0			12
23003612	C.E.I.P. Bachiller Pérez de Moya	Santisteban del Puerto	39	61	49	63	46	61			319
23003673	C.E.I.P. Ntra.Sra. De los Remedios	Santo Tomé	21	31	20	32	18	21	34	19	196
23003843	C.E.I.P. Santa Teresa de Jesús	Siles	21	20	18	23	27	22			131
23601199	C.P.R. La Vega	Solana de Torralba	4	6	6	10	6	8	7	11	58
23003880	C.E.I.P. Antonio Machado	Solera	0	3	2	2	1	6			14
23003892	C.E.I.P. Padre Manjón	Sorihuela del Guadalim.	10	5	11	18	12	15	15	16	102
23003910	C.E.I.P. San José Artesano	Torreblascopedro	17	22	31	18	18	17	26	24	173
23005505	C.E.I.P. Juan Carlos I	Torredelcampo	36	50	51	43	48	50			278
23005499	C.E.I.P. Príncipe Felipe	Torredelcampo	25	25	25	24	23	37			159
23003922	C.E.I.P. San Isidoro	Torredelcampo	74	72	75	74	77	81			453
23005487	C.E.I.P. San Miguel	Torredelcampo	14	13	14	22	18	24			105
23004008	C.E.I.P. El Olivo	Torredonjimeno	25	24	20	21	24	25			139
23005827	C.E.I.P. Martingordo	Torredonjimeno	6	11	15	20	20	17			89
23005839	C.E.I.P. Ponce de León	Torredonjimeno	11	20	13	15	23	25			107
23003971	C.E.I.P. Puerta de Martos	Torredonjimeno	15	22	19	25	19	25			331
23005815	C.E.I.P. San Roque	Torredonjimeno	20	13	14	24	24	23			284

Código Centro	Centro	Localidad	Cursos								TOTAL ALUMNOS
			1º EP	2º EP	3º EP	4º EP	5º EP	6º EP	1º ESO	2º ESO	
23003961	C.E.I.P. Toxiria	Torredonjimeno	22	21	22	25	19	25			125
23004011	C.E.I.P. Ntra.Sra. De la Misericordia	Torreperogil	39	44	40	44	46	46			118
23005591	C.E.I.P. Pero Xil	Torreperogil	46	47	44	26	38	33			134
23601278	C.P.R. La Paz	Torrequebradilla	5	11	6	7	6	6			259
23004057	C.E.I.P. Aznaitin	Torres	10	9	10	11	5	21			234
23601126	C.P.R. El Collao	Torres de Albánchez	13	21	24	17	17	20			41
23005190	C.E.I.P. Juan Pasquau	Úbeda	44	42	47	50	46	45	14	16	96
23004197	C.E.I.P. Santísima Trinidad	Úbeda	46	52	62	76	47	54	29	18	159
23004239	C.E.I.P. Sebastián de Córdoba	Úbeda	51	53	55	53	51	52			274
23004215	C.E.I.P. Virgen de Guadalupe	Úbeda	45	53	60	55	59	68			337
23005608	C.E.I.P. San Juan	Valdepeñas de Jaén	12	14	16	9	10	19			315
23004291	C.E.I.P. Santiago Apóstol	Valdepeñas de Jaén	14	30	29	33	20	38			340
23003235	C.E.I.P. Padre Poveda	Venta de los Santos	5	6	5	12	7	6			80
23601242	C.P.R. Valle de San Juan	Ventas del Carrizal	19	13	11	13	19	20			164
23004379	C.E.I.P. Ntra. Sra. Del Castillo	Vilches	30	43	34	40	34	53	10	14	65
23004495	C.E.I.P. Ntra. Sra. Del Rosario	Villacarrillo	48	31	41	43	52	58			95
23005611	C.E.I.P. Pintor Cristóbal Ruiz	Villacarrillo	21	21	16	24	24	31			234
23005311	C.E.PR. La Fresnedilla	Villacarrillo	0	1	0	0	0	0			273
23004562	C.E.I.P. Santa Potenciana	Villanueva de la Reina	21	36	40	34	32	35			137
23004604	C.E.I.P. Ntra. Sra. De la Fuensanta	Villanueva del Arzobis.	52	53	58	53	47	61			1
23004631	C.E.I.P. San Francisco de Asís	Villardompardo	6	16	12	11	9	13			198
23004653	C.E.I.P. Francisco Badillo	Villargordo	39	38	39	36	41	49			324
	TOTAL ALUMNOS/AS		**5.143**	**5.532**	**5.509**	**6.121**	**5.522**	**6.041**	**959**	**946**	**35.773**
	TOTAL CENTROS PÚBLICOS		203 centros								

ANEXO 3
CENTROS PÚBLICOS Y NÚMERO DE ALUMNOS DE EDUCACIÓN SECUNDARIA OBLIGATORIA POR CURSOS EN LA PROVINCIA DE JAÉN DURANTE EL CURSO 2008 – 2009 *(Extraído de SÉNECA5)*

Código del Centro	Centro	Localidad	1º ESO	2º ESO	3º ESO	4º ESO	TOTAL ALUMNOS
23000106	I.E.S. Alfonso XI	Alcalá la Real	79	91	82	98	350
23700118	I.E.S. Antonio de Mendoza	Alcalá la Real	119	106	93	78	396
23000246	I.E.S. Salvador Serrano	Alcaudete	121	126	168	108	523
23005694	I.E.S. Jándula	Andújar	114	110	82	103	409
23000556	I.E.S. Nuestra Señora de la Cabeza	Andújar	76	100	88	82	346
23000131	I.E.S. Sierra Morena	Andújar	80	80	75	53	288
23000264	I.E.S. Ciudad de Arjona	Arjona	69	80	114	87	350
23700591	I.E.S. Juan del Villar	Arjonilla	74	54	74	53	255
23700608	I.E.S. Fuentebuena	Arroyo del Ojanco	27	28	34	34	123
23000830	I.E.S. Andrés de Vandelvira	Baeza	124	133	115	89	461
23000817	I.E.S. Santísima Trinidad	Baeza	127	114	109	118	468
23000143	I.E.S. Hermanos Medina Rivilla	Bailén	106	111	93	56	366
23700840	I.E.S. María Bellido	Bailén	137	120	107	80	444
23700611	I.E.S. Bury Al-Hamma	Baños de la Encina	27	32	36	32	127
23700581	I.E.S. Sierra de Segura	Beas de Segura	73	74	68	55	270
23700621	I.E.S. Accabe	Bédmar	34	37	37	25	133
23700633	I.E.S. Vera Cruz	Begíjar	47	42	55	39	183

[5] https://www.juntadeandalucia.es/educacion/seneca/seneca/jsp/pag_inicio800.html

Código del Centro	Centro	Localidad	Cursos				TOTAL ALUMNOS
			1º ESO	2º ESO	3º ESO	4º ESO	
23700256	I.E.S. Puerta de Arenas	Campillo de Arenas	14	37	73	57	181
23700645	I.E.S. Colegiata de Santiago	Castellar	55	62	110	78	305
23700657	I.E.S. Pablo Rueda	Castillo de Locubín	57	63	70	58	248
23001111	I.E.S. Castillo de la Yedra	Cazorla	99	100	201	144	544
23700268	I.E.S. El Yelmo	Cortijos Nuevos	24	22	30	22	98
23700669	I.E.S. "Sin nombre actualmente"	Fuensanta de Martos	45	35	35	39	154
23700670	I.E.S. Río de los Granados	Guarromán	41	44	50	36	171
23004926	I.E.S. Sierra Mágina	Huelma	81	74	159	138	452
23700682	I.E.S. Picos del Guadiana	Huesa	51	43	40	39	173
23700694	I.E.S. Pedro Pablo López de los Arcos	Ibros	43	50	40	35	168
23700700	I.E.S. Mateo Francisco de Rivas	Jabalquinto	24	44	27	13	108
23005062	I.E.S. Auringis	Jaén	74	131	70	96	371
23700827	I.E.S. Az-Zait	Jaén	100	102	73	69	344
23700271	I.E.S. El Valle	Jaén	48	50	75	57	230
23005906	I.E.S. Fuente de la Peña	Jaén	48	77	66	51	242
23700876	I.E.S. García Lorca	Jaén	47	77	41	40	205
23002474	I.E.S. Jabalcuz	Jaén	142	110	108	104	464
23002449	I.E.S. Las Fuentezuelas	Jaén	135	119	126	118	498
23005529	I.E.S. San Juan Bosco	Jaén	0	0	79	34	113
23002413	I.E.S. Santa Catalina de Alejandría	Jaén	150	151	119	120	540
23700839	I.E.S. Santa Teresa	Jaén	37	36	41	26	140
23002401	I.E.S. Virgen del Carmen	Jaén	121	118	135	102	476
23700724	I.E.S. Sierra de la Grana	Jamilena	43	42	50	31	166

Código del Centro	Centro	Localidad	Cursos				TOTAL ALUMNOS
			1º ESO	2º ESO	3º ESO	4º ESO	
23002541	I.E.S. Juan López Morillas	Jódar	0	0	101	78	179
23004983	I.E.S. Narciso Mesa Fernández	Jódar	0	0	58	25	83
23700554	I.E.S. Juan Pérez Creus	La Carolina	70	69	82	65	286
23001287	I.E.S. Martín Halaja	La Carolina	50	43	56	71	220
23005049	I.E.S. Pablo de Olavide	La Carolina	72	77	79	56	284
23000210	I.E.S. Puerta de la Sierra	La Puerta de Segura	36	38	28	20	122
23005141	I.E.S. Cástulo	Linares	75	75	77	100	327
23005979	I.E.S. Himilce	Linares	43	30	17	15	105
23002481	I.E.S. Huarte San Juan	Linares	103	106	113	135	457
23700281	I.E.S. Oretania	Linares	55	50	50	45	200
23002851	I.E.S. Reyes de España	Linares	38	34	71	55	198
23700888	I.E.S. Santa Engracia	Linares	71	65	65	67	268
23700748	I.E.S. Gamonares	Lopera	46	61	51	37	195
23700220	I.E.S. La Pandera	Los Villares	79	97	56	70	302
23005074	I.E.S. Peña del Águila	Mancha Real	63	83	55	59	260
23005131	I.E.S. Sierra Mágina	Mancha Real	88	111	148	104	451
23700293	I.E.S. Virgen de la Cabeza	Marmolejo	137	118	106	78	439
23003119	I.E.S. Fernando III	Martos	102	121	116	117	456
23003132	I.E.S. San Felipe Neri	Martos	100	113	112	102	427
23700301	I.E.S. Albariza	Mengíbar	151	188	170	109	618
23700578	I.E.S. San Juan Bautista	Navas de San Juan	71	77	47	55	250
23700751	I.E.S. Gandhi	Orcera	28	36	37	40	141
23700487	I.E.S. Almicerán	Peal de Becerro	73	82	83	47	285

Código del Centro	Centro	Localidad	Cursos				TOTAL ALUMNOS
			1º ESO	2º ESO	3º ESO	4º ESO	
23700761	I.E.S. Alhajar	Pegalajar	50	53	27	38	168
23700852	I.E.S. Ntra. Sra. de Alharilla	Porcuna	82	106	100	104	392
23005372	I.E.S. Guadalentín	Pozo Alcón	71	74	85	93	323
23700773	I.E.S. Valle del Guadalimar	Puente de Génave	25	21	34	41	121
23700426	I.E.S. Cañada de las Fuentes	Quesada	73	75	70	56	274
23700785	I.E.S. Ruradia	Rus	55	54	77	69	255
23700797	I.E.S. Iulia Salaria	Sabiote	55	63	48	49	215
23700414	I.E.S. Villa de Santiago	Santiago de la Espada	40	40	37	37	154
23700566	I.E.S. Virgen del Collado	Santisteban del Puerto	67	57	70	47	241
23700323	I.E.S. Doctor Francisco Marín	Siles	37	41	49	41	168
23003934	I.E.S. Miguel Sánchez López	Torredelcampo	128	140	106	93	467
23000180	I.E.S. Torre Olvidada	Torredelcampo	94	96	134	109	433
23700335	I.E.S. Acebuche	Torredonjimeno	70	72	79	76	297
23003983	I.E.S. Santo Reino	Torredonjimeno	101	94	83	79	357
23700244	I.E.S. Gil de Zático	Torreperogil	100	124	86	82	392
23006029	I.E.S. Francisco de los Cobos	Úbeda	67	70	43	50	230
23004264	I.E.S. Los Cerros	Úbeda	87	106	90	78	361
23004252	I.E.S. San Juan de la Cruz	Úbeda	103	124	106	92	425
23700347	I.E.S. Sierra Sur	Valdepeñas de Jaén	64	56	65	57	242
23700359	I.E.S. Abula	Vilches	52	68	78	53	251
23700864	I.E.S. Sierra de las Villas	Villacarrillo	85	72	101	87	345
23700803	I.E.S. Juan de Barrionuevo Moya	Villanueva de la Reina	57	50	51	44	202
23700499	I.E.S. Doña Nieves López Pastor	Villanueva del Arzobis.	69	70	75	67	281

Código del Centro	Centro	Localidad	Cursos				TOTAL ALUMNOS
			1º ESO	2º ESO	3º ESO	4º ESO	
23700815	I.E.S. Llano de la Viña	Villargordo	73	56	51	58	238
TOTAL ALUMNOS/AS			**6.169**	**6.481**	**6.771**	**5.847**	**25.268**
TOTAL CENTROS PÚBLICOS					**87 Centros**		

ANEXO 4

RESIDENCIAS ESCOLARES Y NÚMERO DE ALUMNOS MATRICULADOS EN LA PROVINCIA DE JAÉN DURANTE EL CURSO ACADÉMICO 2008 – 2009 *(Extraído de SÉNECA6)*

Código del Centro	Centro	Localidad	Alumnos matriculados
23005098	Residencia Simeón Oliver	Alcalá la Real	90
23001019	Residencia Valparaiso	Beas de Segura	120
23700177	Residencia La Granja	Marmolejo	90
23003570	Residencia Mirasierra	Santiago de la Espada	112
23005104	Residencia Bellavista	Villanueva del Arzobispo	180

TOTAL ALUMNOS/AS   592

---

[6] https://www.juntadeandalucia.es/educacion/seneca/seneca/jsp/pag_inicio800.html

ANEXO 5

ALUMNOS MATRICULADOS EN LOS CENTROS DE EDUCACIÓN PRIMARIA INSCRITOS EN EL PROGRAMA Y SU COMPARATIVA CON LOS ALUMNOS PARTICIPANTES Y GÉNERO DURANTE EL CURSO ACADÉMICO 2008 –2009.

(Extraído de SÉNECA[7])

Código del Centro	Centro	Localidad	Alumnos matriculados	Alumnos inscritos en el Programa	% participación	Participación por género			
						NIÑOS	% niños	NIÑAS	% niñas
23000015	CEIP Fernando Molina	Albanchez de Mágina	83	39	46,99	23	58,97	16	41,03
23000076	CEIP José Garnica Salazar	Alcalá la Real	298	130	43,62	82	63,08	48	36,92
23601230	C.P.R. El Olivo	Alcalá la Real	120	159	132,50	83	52,20	76	47,80
23000118	CEIP Alonso de Alcalá	Alcalá la Real	391	105	26,85	89	84,76	16	15,24
23000295	CEIP Juan Pedro	Alcaudete	298	116	38,93	78	67,24	38	32,76
23005530	CEIP Rafael Aldehuela	Alcaudete	200	92	46,00	55	59,78	37	40,22
23000283	CEIP Virgen del Carmen	Alcaudete	95	44	46,32	29	65,91	15	34,09
23005177	CEIP Félix Rodríguez de la Fuente	Andújar	168	109	64,88	56	51,38	53	48,62
23000507	CEIP San Eufrasio	Andújar	116	67	57,76	43	64,18	24	35,82
23001147	CEIP Gregorio Aguilar	Arbuniel	29	26	89,66	17	65,38	9	34,62
23000726	CEIP García Morente	Arjonilla	244	186	76,23	107	57,53	79	42,47
23000738	CEIP San José de Calasanz	Arquillos	171	54	31,58	44	81,48	10	18,52
23000805	CEIP Ángel López Salazar	Baeza	277	150	54,15	89	59,33	61	40,67
23000799	CEIP Antonio Machado	Baeza	404	110	27,23	92	83,64	18	16,36
23005748	CEIP Nuestra Señora de Zocueca	Bailén	258	135	52,33	81	60,00	54	40,00

---

[7] https://www.juntadeandalucia.es/educacion/seneca/seneca/jsp/pag_inicio800.html

Código del Centro	Centro	Localidad	Alumnos matriculados	Alumnos inscritos en el Programa	% participación	Participación por género			
						NIÑOS	% niños	NIÑAS	% niñas
23000911	CEIP Pedro Corchado	Bailén	394	141	35,79	98	69,50	43	30,50
23000921	CPR 19 de Julio	Bailén	120	68	56,67	49	72,06	19	27,94
23000039	CPR General Castaños	Bailén	243	152	62,55	91	59,87	61	40,13
23000982	C.E.PR. Víctor García Hoz	Beas de Segura	355	223	62,82	126	56,50	97	43,50
23001071	CEIP Alonso Vega	Bélmez de la Moraleda	134	118	88,06	65	55,08	53	44,92
23001123	CEIP Arturo del Moral	Cabra del Santo Cristo	197	95	48,22	70	73,68	25	26,32
23001159	CEIP Castillo de Alhabar	Cambil	203	90	44,33	48	53,33	42	46,67
23001214	CEIP Maestro Carlos Soler	Cárchel	125	75	60,00	51	68,00	24	32,00
23001330	CEIP Miguel Hernández	Castillo de Locubín	195	108	55,38	74	68,52	34	31,48
23001433	CEIP Santa María de Nazaret	Chiclana de Segura	63	49	77,78	30	61,22	19	38,78
23001469	CEIP Nuestra Señora de la Paz	Chilluévar	133	100	75,19	57	57,00	43	43,00
23601254	C.P.R. Los Valles	Collejares	32	40	125,00	22	55,00	18	45,00
23601291	C.P.R. Sierra de Segura	Cortijos Nuevos	125	112	89,60	63	56,25	49	43,75
23601138	C.P.R. Alto Guadalquivir	Coto Ríos	50	46	92,00	21	45,65	25	54,35
23004094	CEIP Donadío	Donadío	32	29	90,63	15	51,72	14	48,28
23001536	CEIP Santa Lucía	Frailes	132	63	47,73	35	55,56	28	44,44
23001548	CEIP Virgen de La Fuensanta	Fuensanta de Martos	165	74	44,85	48	64,86	26	35,14
23001585	CEIP San Marcos	Garcíez	32	41	128,13	29	70,73	12	29,27
23001627	CEIP Carlos III	Guarromán	184	110	59,78	76	69,09	34	30,91
23001333	CEIP Nuestra Señora de la Asunción	Hornos	33	27	81,82	12	44,44	15	55,56
23001767	CEIP Alférez Segura	Huesa	161	78	48,45	48	61,54	30	38,46

Código del Centro	Centro	Localidad	Alumnos matriculados	Alumnos inscritos en el Programa	% participación	Participación por género			
						NIÑOS	% niños	NIÑAS	% niñas
23001809	CEIP Santísimo Cristo de Vera Cruz	Iznatoraf	68	36	52,94	22	61,11	14	38,89
23001810	CEIP Nuestro Padre Jesús	Jabalquinto	141	119	84,40	64	53,78	55	46,22
23002188	CEIP Agustín Serrano de Haro	Jaén	445	83	18,65	51	61,45	32	38,55
23002255	CEIP Almadén	Jaén	308	112	36,36	73	65,18	39	34,82
23002486	CEIP Cándido Nogales	Jaén	497	156	31,39	113	72,44	43	27,56
23002206	CEIP Jesús-María	Jaén	184	114	61,96	64	56,14	50	43,86
23002191	CEIP Martín Noguera	Jaén	177	54	30,51	41	75,93	13	24,07
23002498	CEIP Navas de Tolosa	Jaén	350	51	14,57	40	78,43	11	21,57
23002267	CEIP Nuestra Señora de La Capilla	Jaén	321	61	19,00	50	81,97	11	18,03
23002152	CEIP Peñamefécit	Jaén	278	88	31,65	70	79,55	18	20,45
23002231	CEIP Ramón Calatayud	Jaén	379	75	19,79	49	65,33	26	34,67
23002164	CEIP Ruiz Jiménez	Jaén	224	124	55,36	85	68,55	39	31,45
23002140	CEIP Santo Tomás	Jaén	237	54	22,78	39	72,22	15	27,78
23002097	CEIP Sto. Domingo	Jaén	225	83	36,89	56	67,47	27	32,53
23002504	CEIP Padre Rejas	Jamilena	243	83	34,16	59	71,08	24	28,92
23002516	CEIP Nuestra Señora de los Remedios	Jimena	118	75	63,56	30	40,00	45	60,00
23005773	C.E.PR. Maestros Arroquia-Martínez	Jódar	406	136	33,50	81	59,56	55	40,44
23002528	C.E.PR. Virgen de Fátima	Jódar	404	152	37,62	104	68,42	48	31,58
23005451	CEIP Doctor Fleming	Jódar	354	64	18,08	52	81,25	12	18,75
23002531	CEIP General Fresneda	Jódar	225	60	26,67	38	63,33	22	36,67
23001238	CEIP Carlos III	La Carolina	276	68	24,64	51	75,00	17	25,00

Código del Centro	Centro	Localidad	Alumnos matriculados	Alumnos inscritos en el Programa	% participación	Participación por género			
						NIÑOS	% niños	NIÑAS	% niñas
23001263	CEIP Manuel Andujar	La Carolina	339	82	24,19	52	63,41	30	36,59
23001275	CEIP Palacios Rubio	La Carolina	347	129	37,18	73	56,59	56	43,41
23001603	CEIP Real Mentesa	La Guardia de Jaén	239	114	47,70	75	65,79	39	34,21
23601114	C.P.R. Atalaya	La Iruela	124	67	54,03	46	68,66	21	31,34
23005189	C.E.PR. Los Arrayanes	Linares	142	69	48,59	47	68,12	22	31,88
23002796	CEIP Colon	Linares	293	122	41,64	82	67,21	40	32,79
23002760	CEIP Jaén	Linares	288	125	43,40	92	73,60	33	26,40
23002735	CEIP Padre Poveda	Linares	142	94	66,20	63	67,02	31	32,98
23002711	CEIP Santa Ana	Linares	140	100	71,43	60	60,00	40	40,00
23002784	CEIP Tetuán	Linares	136	93	68,38	61	65,59	32	34,41
23002759	CEIP Virgen de Linarejos	Linares	144	73	50,69	50	68,49	23	31,51
23002905	CEIP Miguel de Cervantes	Lopera	283	115	40,64	76	66,09	39	33,91
23004641	CEIP Nuestra Señora del Rosario	Los Villares	371	106	28,57	71	66,98	35	33,02
23601311	CEIP San José de Calasanz	Mancha Real	317	81	25,55	45	55,56	36	44,44
23601321	CEIP San Marcos	Mancha Real	320	94	29,38	74	78,72	20	21,28
23002942	CEIP Sixto Sigler	Mancha Real	163	32	19,63	22	68,75	10	31,25
23003090	CEIP San Amador	Martos	220	82	37,27	53	64,63	29	35,37
23003107	CEIP Virgen de La Villa	Martos	302	140	46,36	94	67,14	46	32,86
23003181	CEIP José Plata	Mengíbar	246	107	43,50	70	65,42	37	34,58
23005207	CEIP Manuel de La Chica	Mengíbar	274	130	47,45	96	73,85	34	26,15
23004461	CEIP San Vicente Mártir	Mogón	76	56	73,68	38	67,86	18	32,14
23003247	C.E.PR. Virgen de la Estrella	Navas de San Juan	333	247	74,17	131	53,04	116	46,96
23000349	CEIP San Miguel	Noguerones	109	108	99,08	53	49,07	55	50,93
23005931	CEIP Antonio Machado	Peal de Becerro	119	88	73,95	44	50,00	44	50,00

Código del Centro	Centro	Localidad	Alumnos matriculados	Alumnos inscritos en el Programa	% participación	Participación por género			
						NIÑOS	% niños	NIÑAS	% niñas
23003284	CEIP Nuestra Señora de la Encarnación	Peal de Becerro	209	40	19,14	24	60,00	16	40,00
23005943	CEIP José Luis Verdes	Quesada	159	102	64,15	59	57,84	43	42,16
23003429	CEIP Virgen del Tíscar	Quesada	174	108	62,07	72	66,67	36	33,33
23003442	CEIP Nueva Andalucía	Rus	243	72	29,63	62	86,11	10	13,89
23601102	C.P.R. Sierra Sur	Santa Ana	113	64	56,64	39	60,94	25	39,06
23003466	CEIP Carlos III	Santa Elena	71	74	104,23	41	55,41	33	44,59
23003569	CEIP Santiago Apóstol	Santiago de la Espada	125	48	38,40	22	45,83	26	54,17
23003612	CEIP Bachiller Pérez de Moya	Santisteban del Puerto	319	104	32,60	62	59,62	42	40,38
23003673	CEIP Nuestra Señora de los Remedios	Santo Tomé	196	92	46,94	58	63,04	34	36,96
23003892	CEIP Padre Manjón	Sorihuela del Guadalimar	102	74	72,55	39	52,70	35	47,30
23005505	CEIP Juan Carlos I	Torredelcampo	278	123	44,24	78	63,41	45	36,59
23005499	CEIP Príncipe Felipe	Torredelcampo	159	95	59,75	51	53,68	44	46,32
23003922	CEIP San Isidoro	Torredelcampo	453	164	36,20	102	62,20	62	37,80
23005839	CEIP Ponce de León	Torredonjimeno	107	83	77,57	56	67,47	27	32,53
23004011	CEIP Nuestra Señora de la Misericordia	Torreperogil	259	72	27,80	49	68,06	23	31,94
23004057	CEIP Aznaitín	Torres	96	55	57,29	45	81,82	10	18,18
23601126	C.P.R. El Collao	Torres de Albanchez	159	141	88,68	84	59,57	57	40,43
23005190	CEIP Juan Pascuau	Úbeda	274	130	47,45	79	60,77	51	39,23
23004239	CEIP Sebastián de Córdoba	Úbeda	315	215	68,25	125	58,14	90	41,86

Código del Centro	Centro	Localidad	Alumnos matriculados	Alumnos inscritos en el Programa	% participación	Participación por género			
						NIÑOS	% niños	NIÑAS	% niñas
23004215	CEIP Virgen de Guadalupe	Úbeda	340	176	51,76	93	52,84	83	47,16
23005608	CEIP San Juan	Valdepeñas de Jaén	80	37	46,25	18	48,65	19	51,35
23004291	CEIP Santiago Apóstol	Valdepeñas de Jaén	164	86	52,44	53	61,63	33	38,37
23601242	CPR Valle de San Juan	Ventas del Carrizal	95	76	80,00	41	53,95	35	46,05
23004379	CEIP Nuestra Señora del Castillo	Vilches	234	71	30,34	38	53,52	33	46,48
23005611	CEIP Pintor Cristóbal Ruiz	Villacarrillo	137	73	53,28	39	53,42	34	46,58
23004562	CEIP Santa Potenciana	Villanueva de la Reina	198	135	68,18	85	62,96	50	37,04
23004604	CEIP Ntra. Sra. De la Fuensanta	Villanueva del Arzobispo	324	131	40,43	88	67,18	43	32,82
23004631	CEIP San Francisco de Asís	Villardompardo	88	62	70,45	39	62,90	23	37,10
23004653	CEIP Francisco Badillo	Villargordo	242	66	27,27	45	68,18	21	31,82
			23.300	10.432	44,77%	6.582	63,09%	3.850	36,91%

ANEXO 6

ALUMNOS MATRICULADOS EN LOS CENTROS DE EDUCACIÓN SECUNDARIA INSCRITOS EN EL PROGRAMA Y SU COMPARATIVA CON LOS ALUMNOS PARTICIPANTES Y GÉNERO DURANTE EL CURSO ACADÉMICO 2008 –2009. (Extraído de SÉNECA[8])

Código del Centro	Centro	Localidad	Alumnos matriculados	Alumnos inscritos en el Programa	% participación	Participación por género			
						NIÑOS	%niños	NIÑAS	% niñas
23000106	IES Alfonso XI	Alcalá la Real	350	79	22,57	59	74,68	20	25,32
23700542	IES Antonio de Mendoza	Alcalá la Real	396	64	16,16	52	81,25	12	18,75
23005694	IES Jándula	Andújar	409	134	32,76	62	46,27	72	53,73
23000556	IES Ntra. Sra. de La Cabeza	Andújar	346	50	14,45	37	74,00	13	26,00
23000131	IES Sierra Morena	Andújar	288	127	44,10	96	75,59	31	24,41
23700591	IES Juan del Villar	Arjonilla	255	113	44,31	61	53,98	52	46,02
23000830	IES Andrés de Vandelvira	Baeza	461	81	17,57	65	80,25	16	19,75
23000817	IES Santísima Trinidad	Baeza	468	39	8,33	31	79,49	8	20,51
23000143	IES Hermanos Medina Rivilla	Bailén	366	52	14,21	34	65,38	18	34,62
23700840	IES Maria Bellido	Bailén	444	39	8,78	26	66,67	13	33,33
23700657	IES Pablo Rueda	Castillo de Locubín	248	123	49,60	67	54,47	56	45,53
23700682	IES Picos del Guadiana	Huesa	173	76	43,93	35	46,05	41	53,95
23005062	IES Auringis	Jaén	371	54	14,56	37	68,52	17	31,48
23700827	IES Az-Zait	Jaén	344	59	17,15	37	62,71	22	37,29
23700271	IES El Valle	Jaén	230	47	20,43	28	59,57	19	40,43

[8] https://www.juntadeandalucia.es/educacion/seneca/seneca/jsp/pag_inicio800.html

Código del Centro	Centro	Localidad	Alumnos matriculados	Alumnos inscritos en el Programa	% participación	Participación por género			
						NIÑOS	%niños	NIÑAS	% niñas
23005906	IES Fuente de la Peña	Jaén	242	92	38,02	60	65,22	32	34,78
23700876	IES García Lorca	Jaén	205	48	23,41	44	91,67	4	8,33
23002474	IES Jabalcuz	Jaén	464	42	9,05	29	69,05	13	30,95
23002449	IES Las Fuentezuelas	Jaén	498	124	24,90	109	87,90	15	12,10
23002413	IES Santa Catalina de Alejandría	Jaén	540	96	17,78	76	79,17	20	20,83
23700839	IES Santa Teresa	Jaén	140	50	35,71	36	72,00	14	28,00
23002401	IES Virgen del Carmen	Jaén	476	49	10,29	32	65,31	17	34,69
23700724	IES Sierra de la Grana	Jamilena	166	57	34,34	46	80,70	11	19,30
23002541	IES Juan López Morillas	Jódar	179	63	35,20	45	71,43	18	28,57
23004938	IES Narciso Mesa Fernández	Jódar	83	26	31,33	21	80,77	5	19,23
23700554	IES Juan Pérez Creus	La Carolina	286	52	18,18	37	71,15	15	28,85
23001287	IES Martín Halaja	La Carolina	220	34	15,45	26	76,47	8	23,53
23005049	IES Pablo de Olavide	La Carolina	284	145	51,06	127	87,59	18	12,41
23700281	IES Oretania	Linares	200	60	30,00	42	70,00	18	30,00
23700888	IES Santa Engracia	Linares	268	49	18,28	31	63,27	18	36,73
23005074	IES Peña del Águila	Mancha Real	260	16	6,15	15	93,75	1	6,25
23005153	IES Sierra Mágina	Mancha Real	451	28	6,21	18	64,29	10	35,71
23003132	IES San Felipe Neri	Martos	427	79	18,50	56	70,89	23	29,11
23700301	IES Albariza	Mengíbar	618	62	10,03	40	64,52	22	35,48
23700578	IES San Juan Bautista	Navas de San Juan	250	112	44,80	73	65,18	39	34,82
23700487	IES Almicerán	Peal de Becerro	285	80	28,07	49	61,25	31	38,75
23700761	IES Alhajar	Pegalajar	168	106	63,10	53	50,00	53	50,00
23005372	IES Guadalentín	Pozo Alcón	323	90	27,86	48	53,33	42	46,67

Código del Centro	Centro	Localidad	Alumnos matriculados	Alumnos inscritos en el Programa	% participación	Participación por género			
						NIÑOS	%niños	NIÑAS	% niñas
23700426	IES Cañada de las Fuentes	Quesada	274	153	55,84	85	55,56	68	44,44
23700785	IES Ruradia	Rus	255	95	37,25	76	80,00	19	20,00
23700323	IES Doctor Francisco Marín	Siles	168	80	47,62	44	55,00	36	45,00
23000180	IES Torreolvidada	Torredelcampo	433	98	22,63	70	71,43	28	28,57
23700335	IES Acebuche	Torredonjimeno	297	92	30,98	61	66,30	31	33,70
23003983	IES Santo Reino	Torredonjimeno	357	60	16,81	39	65,00	21	35,00
23004264	IES Los Cerros	Úbeda	361	93	25,76	73	78,49	20	21,51
23004252	IES San Juan de la Cruz	Úbeda	425	108	25,41	83	76,85	25	23,15
23700347	IES Sierra Sur	Valdepeñas de Jaén	242	169	69,83	82	48,52	87	51,48
23700359	IES Abula	Vilches	251	102	40,64	58	56,86	44	43,14
23700864	IES Sierra de las Villas	Villacarrillo	345	65	18,84	40	61,54	25	38,46
23700803	IES Juan de Barrionuevo Moya	Villanueva de la Reina	202	86	42,57	56	65,12	30	34,88
23700815	IES Llano de la Viña	Villargordo	238	31	13,03	25	80,65	6	19,35
			16.030	3.929	24,51	2.632	66,99%	1.297	33,01%

ANEXO 7

ALUMNOS DE RESIDENCIAS ESCOLARES PARTICIPANTES EN EL PROGRAMA POR CENTROS Y GÉNERO DURANTE EL CURSO ACADÉMICO 2008 –2009. *(Extraído de SÉNECA9)*

Código del Centro	Centro	Localidad	Alumnos matriculados	Alumnos inscritos en el Programa	% participación	Participación por género			
						NIÑOS	% niños	NIÑAS	% niñas
23700177	Residencia Escolar La Granja	Marmolejo	90	23	25,56	19	82,61	4	17,39
23003570	Residencia Escolar Mirasierra	Santiago de la Espada	112	90	80,36	48	53,33	42	46,67
23005104	Residencia Escolar Bellavista	Villanueva del Arzobispo	180	102	56,67	72	70,59	30	29,41
			382	215	56,28	139	64,65	76	35,35

[9] https://www.juntadeandalucia.es/educacion/seneca/seneca/jsp/pag_inicio800.html

ANEXO 8

CUESTIONARIO DE SATISFACCIÓN DE LOS COORDINADORES DEL PROGRAMA "EL DEPORTE EN LA ESCUELA"

EN LAS PÁGINAS DE ESTE CUADERNILLO VD. ENCONTRARÁ PREGUNTAS SOBRE DIFERENTES ÁMBITOS DE SU VIDA, ASÍ COMO ASPECTOS RELACIONADOS CON EL PROGRAMA "EL DEPORTE EN LA ESCUELA" QUE VD. COORDINA EN SU CENTRO.

ES MUY IMPORTANTE QUE VD. LAS LEA CON DETENIMIENTO Y CONTESTE A ELLAS CON LA MÁXIMA FRANQUEZA.

RECUERDE QUE TODA LA INFORMACIÓN ES ANÓNIMA Y EN NADA LE COMPROMETE.

> MUCHAS GRACIAS POR SU COLABORACIÓN

PROGRAMA "EL DEPORTE EN LA ESCUELA"

1. Género: Hombre$_1$ ☐ Mujer$_2$ ☐

2. Coordina usted el programa en un centro:

    Urbano1 > 10.000 h. ☐   Rural2 < 10.000 h. ☐

3. Es usted coordinador/a de un centro educativo de:

    Primaria$_1$ ☐   Secundaria$_2$ ☐   Residencia$_3$ ☐

4. Es usted profesor/a del Centro: SÍ$_1$ ☐   NO$_2$ ☐

    Si ha contestado afirmativamente, le ruego responda a la siguiente cuestión:

5. Imparte la asignatura de Educación Física: SÍ$_1$ ☐   NO$_2$ ☐

6. Años coordinando el Programa "Deporte en la Escuela" (1 – 2 – 3): ☐

7. Días destinados al Programa "Deporte en la Escuela" (de 1 a 5): ☐

8. Deportes que se ofertan en mi centro (marque con una X)

Fútbol-sala$_1$ ☐

Baloncesto$_2$ ☐

Balonmano$_3$ ☐

Voleibol$_4$ ☐

Atletismo$_5$ ☐

Ajedrez$_6$ ☐

Otros$_7$ ☐ Especifique cuál/es: _____

9. El Deporte en la Escuela se gestiona en mi centro (marque con una X)

A través de empresas privadas$_1$ ☐

A través del Ayuntamiento$_2$ ☐

A través del AMPA$_3$ ☐

A través de la Diputación Provincial$_4$ ☐

Otras$_5$ ☐ _____

10. Participa en competiciones externas: Sí$_1$ No$_2$

Si ha contestado afirmativamente, le ruego conteste a la siguiente pregunta.

11. Marque con una X quién las organiza:

Ayuntamiento$_1$ ☐

Diputación$_2$ ☐

Otras entidades$_3$ ☐   Especifique cuál/es _____

12. Deportes con los que ha participado en las competiciones (marque con una X)

Fútbol-sala$_1$ ☐

Baloncesto$_2$ ☐

Balonmano$_3$ ☐

Voleibol$_4$ ☐

Atletismo$_5$ ☐

Ajedrez$_6$ ☐

Otros$_7$ ☐ Especifique cuál/es _____

13. Realice una valoración global del Programa "El Deporte en la Escuela" (de 1 a 100)

CUESTIONARIO SOBRE EL PROGRAMA "EL DEPORTE EN LA ESCUELA"

EN ESTE CUESTIONARIO NO EXISTEN ÍTEMS VERDADEROS O FALSOS. TAN SÓLO QUEREMOS CONOCER SU OPINIÓN. LE PEDIMOS POR ELLO QUE LEA LOS ÍTEMS DETENIDAMENTE ANTES DE RESPONDER.

INSTRUCCIONES GENERALES

A continuación, usted encontrará una serie de ítems relacionados con el Programa "EL DEPORTE EN LA ESCUELA", cuyo objetivo es determinar algunos aspectos de especial relevancia dentro del programa, de acuerdo a los objetivos del mismo, y que pueden llegar a mejorarse en función de las conclusiones que se desprendan de este estudio. Pretendemos conocer su opinión como experto, y que responda con sinceridad a todos los ítems. En cualquier caso, es muy importante que no deje ningún ítem sin contestar, ya que sus respuestas tendrán especial relevancia en la redacción de las conclusiones y planteamiento de estrategias posteriores. **Recuerde que toda la información es anónima y en nada le compromete**.

Debe valorar cada ítem en función del grado en que usted esté de acuerdo con el contenido del mismo. Para ello, dispone de una escala de valoración, que se presenta desde "*totalmente en desacuerdo*" a "*totalmente de acuerdo*".

A modo de ejemplo, tenemos:

	Totalmente en desacuerdo	En desacuerdo	Indiferente	De acuerdo	Totalmente de acuerdo
1. Considero adecuada la cualificación pedagógica del Monitor Deportivo					

Si señala con un aspa el primer recuadro, significaría que está en total desacuerdo con el ítem.

Totalmente en desacuerdo	En desacuerdo	Indiferente	De acuerdo	Totalmente de acuerdo
X				

Si señala con un aspa el último recuadro, estaría totalmente de acuerdo con el ítem.

Totalmente en desacuerdo	En desacuerdo	Indiferente	De acuerdo	Totalmente de acuerdo
				X

MUCHAS GRACIAS POR SU COLABORACIÓN

CUESTIONARIO

A) FORMACIÓN DEL MONITOR/TÉCNICO DEPORTIVO

1. Considero adecuada la cualificación pedagógica del Monitor Deportivo	Totalmente en desacuerdo	En desacuerdo	Indiferente	De acuerdo	Totalmente de acuerdo
2. Considero adecuada la cualificación técnica del Monitor Deportivo	Totalmente en desacuerdo	En desacuerdo	Indiferente	De acuerdo	Totalmente de acuerdo
3. El Monitor Deportivo fomenta y cuida la formación en valores	Totalmente en desacuerdo	En desacuerdo	Indiferente	De acuerdo	Totalmente de acuerdo
4. El Monitor Deportivo participa de forma activa en la formación integral de los escolares	Totalmente en desacuerdo	En desacuerdo	Indiferente	De acuerdo	Totalmente de acuerdo
5. El Monitor Deportivo atiende a las normas de seguridad en la práctica de las actividades físico-deportivas	Totalmente en desacuerdo	En desacuerdo	Indiferente	De acuerdo	Totalmente de acuerdo
6. El Monitor Deportivo planifica las sesiones en función del nivel de los escolares y de los objetivos que persigue	Totalmente en desacuerdo	En desacuerdo	Indiferente	De acuerdo	Totalmente de acuerdo
7. Considero que el Monitor Deportivo está suficientemente formado en caso de accidente deportivo de alguno de los alumnos/as	Totalmente en desacuerdo	En desacuerdo	Indiferente	De acuerdo	Totalmente de acuerdo
8. El Monitor Deportivo refuerza los comportamientos positivos y corrige los negativos	Totalmente en desacuerdo	En desacuerdo	Indiferente	De acuerdo	Totalmente de acuerdo
9. El Monitor Deportivo fomenta la participación de todos los alumnos y alumnas en las competiciones externas	Totalmente en desacuerdo	En desacuerdo	Indiferente	De acuerdo	Totalmente de acuerdo
10. El Monitor Deportivo favorece la integración de los escolares con Necesidades Educativas Especiales	Totalmente en desacuerdo	En desacuerdo	Indiferente	De acuerdo	Totalmente de acuerdo

B) EL PROGRAMA VS EL ÁREA DE LA EDUCACIÓN FÍSICA VS EL CURRÍCULO

	Totalmente en desacuerdo	En desacuerdo	Indiferente	De acuerdo	Totalmente de acuerdo
11. El programa contribuye al desarrollo de las Competencias Básicas que establece el área de la Educación Física					
12. Existe conexión entre el programa y el área de la Educación Física					
13. El programa favorece la consecución de los objetivos previstos en el área de la Educación Física					
14. El programa desarrolla contenidos de áreas transversales, como Educación para la Paz y/o Educación para la Salud					
15. El programa fomenta el rendimiento académico de los escolares					
16. El programa promueve la transferencia de contenidos a otras áreas del currículo					

C) AGENTES IMPLICADOS (PADRES/MADRES – CENTRO ESCOLAR – MONITOR)

	Totalmente en desacuerdo	En desacuerdo	Indiferente	De acuerdo	Totalmente de acuerdo
17. Los padres/madres de los escolares participan en el buen desarrollo del programa					
18. El Monitor Deportivo tiene buena relación con los padres/madres de los/las alumnos/as					
19. Las expectativas creadas por el Programa coinciden con la realidad					
20. El Consejo Escolar realiza un seguimiento y evaluación del programa con objeto de valorar la eficacia del mismo					
21. Los padres/madres valoran la participación de sus hijos en el programa igual que lo harían en un club deportivo privado					

D) MATERIAL, EQUIPAMIENTO E INSTALACIONES DEPORTIVAS

22. El estado general de conservación del equipamiento deportivo es aceptable	Totalmente en desacuerdo	En desacuerdo	Indiferente	De acuerdo	Totalmente de acuerdo
23. El estado general de conservación de las instalaciones deportivas es aceptable	Totalmente en desacuerdo	En desacuerdo	Indiferente	De acuerdo	Totalmente de acuerdo
24. El material deportivo disponible resulta adecuado	Totalmente en desacuerdo	En desacuerdo	Indiferente	De acuerdo	Totalmente de acuerdo
25. Las instalaciones deportivas se han mejorado debido al programa	Totalmente en desacuerdo	En desacuerdo	Indiferente	De acuerdo	Totalmente de acuerdo

E) ACERCA DEL FUTURO DEL PROGRAMA

26. El programa debe organizar actividades deportivas relacionadas con la naturaleza	Totalmente en desacuerdo	En desacuerdo	Indiferente	De acuerdo	Totalmente de acuerdo
27. Es conveniente ofertar otras actividades deportivas	Totalmente en desacuerdo	En desacuerdo	Indiferente	De acuerdo	Totalmente de acuerdo
28. Las Delegaciones Provinciales deberían programar durante el curso escolar actividades y jornadas de formación para Coordinadores	Totalmente en desacuerdo	En desacuerdo	Indiferente	De acuerdo	Totalmente de acuerdo
29. Las Delegaciones Provinciales deben programar durante el curso escolar actividades para mejorar la formación de los Monitores Deportivos	Totalmente en desacuerdo	En desacuerdo	Indiferente	De acuerdo	Totalmente de acuerdo
30. Debe ser un especialista de Educación Física el encargado de las funciones del Monitor Deportivo	Totalmente en desacuerdo	En desacuerdo	Indiferente	De acuerdo	Totalmente de acuerdo

ANEXO 9

GRUPOS POR MODALIDAD DEPORTIVA Y CENTRO ACADÉMICO 2008-2009 ORDENADOS POR CÓDIGO DE CENTRO

(Extraído de SÉNECA[10])

CENTRO	LOCALIDAD	MODALIDAD DEPORTIVA	GRUPOS	TIPO DE GRUPOS	Alu
23000015 - C.E.I.P. Fernando Molina	Albanchez de Mágina	Atletismo	Atletismo	Infantiles	39
		Balonmano	Balonmano	Infantiles	20
		Fútbol-Sala	Fútbol-Sala 1	Alevines	12
			Fútbol-Sala 2	Infantiles	7
23000039 - C.E.PR. General Castaños	Bailén	Ajedrez	Ajedrez	Prebenjamines	27
		Atletismo	Atletismo 1	Prebenjamines	30
			Atletismo 2	Benjamines	26
			Atletismo 3	Benjamines	34
			Atletismo 4	Alevines	39
		Baloncesto	Baloncesto	Benjamines	27
		Balonmano	Balonmano	Benjamines	30
		Fútbol-Sala	Fútbol-Sala	Prebenjamines	28
			Fútbol-Sala 1	Benjamines	27
			Fútbol-Sala 2	Alevines	42

[10] https://www.juntadeandalucia.es/educacion/seneca/seneca/jsp/pag_inicio800.html

Código	Centro	Deporte	Categoría	Nº
23000076 - C.E.I.P. José Garnica Salazar	Alcalá la Real	Ajedrez	Alevines	22
		Atletismo1	Prebenjamines	35
		Atletismo2	Benjamines	32
		Atletismo3	Alevines	31
		Baloncesto	Alevines	30
		Fútbol-Sala 1	Prebenjamines	27
		Fútbol-Sala 2	Benjamines	22
		Fútbol-Sala 3	Alevines	25
		Voleibol	Alevines	22
23000106 - I.E.S. Alfonso XI	Alcalá la Real	Atletismo	Infantiles	29
		Baloncesto	Infantiles	18
		Fútbol Sala	Infantiles	12
		Voleibol	Infantiles	20
23000118 - C.E.I.P. Alonso de Alcalá	Alcalá la Real	Ajedrez	Benjamines	21
		Atletismo 1	Prebenjamines	25
		Baloncesto	Alevines	24
		Fútbol Sala 1	Prebenjamines	26
		Fútbol Sala 2	Benjamines	26
		Fútbol Sala 3	Alevines	29
23000131 - I.E.S. Sierra Morena	Andújar	Ajedrez Mix. Inf. Cad.	Cadetes	46
		Atlet. Mix. Inf. Cad.	Cadetes	81
		Baloncesto Mas. Cad.	Cadetes	17
		Baloncesto Mix. Inf.	Infantiles	17
		Fútbol Masc. Cadete	Cadetes	18
		Fútbol Masc. Infantil	Infantiles	15
		Fútbol Mixto Cadete	Cadetes	24
		Fútbol Mixto Infantil	Infantiles	16
		Voleibol Mixto Cad.	Cadetes	23

23000143 - I.E.S. Hermanos Medina Rivilla	Bailén	Ajedrez	Cadetes	12
		Atletismo	Cadetes	23
			Infantiles	15
		Baloncesto	Infantiles	25
		Fútbol Sala	Cadetes	23
23000180 - I.E.S. Torre Olvidada	Torredelcampo	Baloncesto	Cadetes	25
		Balonmano	Cadetes	49
		Balonmano	Cadetes	34
		Fútbol Sala	Cadetes	16
			Cadetes	59
23000283 - C.E.I.P. Virgen del Carmen	Alcaudete	Atletismo	Benjamines	40
		Fútbol Sala	Benjamines	21
		Voleibol	Alevines	21
23000295 - C.E.PR. Juan Pedro	Alcaudete	Ajedrez	Benjamines	49
		Atletismo	Atletismo I	Prebenjamines	22
			Atletismo II	Alevines	43
		Balonmano	Multideporte	Prebenjamines	18
		Fútbol Sala	Fútbol Sala alevín	Alevines	31
			Fútbol Sala I	Prebenjamines	30
		Voleibol	Voleibol benjamín	Benjamines	16
			Voleibol alevín	Alevines	15
23000349 - C.E.I.P. San Miguel	Noguerones	Atletismo	Infantiles	105
		Balonmano	Prebenjamines	21
		Fútbol Sala	Infantiles	42
		Voleibol	Alevines	44
23000507 - C.E.I.P. San Eufrasio	Andújar	Ajedrez	Prebenjamines	67
		Baloncesto	Alevines	43
		Fútbol Sala	Benjamines	28
		Voleibol	Alevines	39

23000556 - I.E.S. Nuestra Señora de la Cabeza	Andújar	Ajedrez	Infantiles	10
		Atletismo	Infantiles	20
		Baloncesto 1	Infantiles	10
		Baloncesto 2	Cadetes	10
		Fútbol Sala	Infantiles	15
		Voleibol	Cadetes	0
23000726 - C.E.I.P. García Morente	Arjonilla	Ajedrez I	Prebenjamines	40
		Ajedrez II	Benjamines	25
		Atletismo I	Benjamines	39
		Atletismo II	Alevines	43
		Baloncesto I	Alevines	57
		Baloncesto II	Benjamines	32
		Fútbol Sala i	Benjamines	44
		Fútbol Sala	Alevines	41
23000738 - C.E.I.P. San José de Calasanz	Arquillos	Ajedrez	Alevines	15
		Atletismo	Infantiles	25
		Baloncesto	Infantiles	40
		Fútbol Sala 1	Cadetes	16
		Fútbol Sala 2	Alevines	15
		Voleibol	Infantiles	10
23000799 - C.E.I.P. Antonio Machado	Baeza	Ajedrez	Prebenjamines	10
		Atletismo	Benjamines	26
		Baloncesto A	Prebenjamines	11
		Baloncesto B	Benjamines	14
		Fútbol Sala A	Prebenjamines	24
		Fútbol Sala B	Prebenjamines	22
		Fútbol Sala C	Benjamines	16
		Fútbol Sala D	Benjamines	20
		Voleibol	Benjamines	12

23000805 - C.E.I.P. Ángel López Salazar	Baeza	Ajedrez	Grupo H	Alevines	15
		Atletismo	Grupo F	Prebenjamines	19
			Grupo G	Benjamines	18
		Baloncesto	Grupo D	Prebenjamines	22
			Grupo E	Benjamines	21
		Fútbol Sala	Grupo C	Alevines	20
			Grupo A	Prebenjamines	22
			Grupo B	Alevines	22
23000817 - I.E.S. Santísima Trinidad	Baeza	Ajedrez	Ajedrez	Infantiles	13
		Atletismo	Atletismo Raqueta	Cadetes	26
		Baloncesto	Balonc. Inf-Cadete	Infantiles	27
		Fútbol Sala	Cadetes Fútbol Sala	Cadetes	25
23000830 - I.E.S. Andrés de Vandelvira	Baeza	Atletismo	Atletismo 1	Infantiles	38
		Baloncesto	Baloncesto A	Infantiles	27
			Baloncesto B	Infantiles	28
		Fútbol Sala	Fútbol Sala A	Infantiles	29
			Fútbol Sala B	Infantiles	30
23000911 - C.E.I.P. Pedro Corchado	Bailén	Ajedrez	Ajedrez I	Benjamines	32
			Ajedrez II	Alevines	33
		Atletismo	Atletismo I	Benjamines	31
			Atletismo II	Alevines	45
		Balonmano	Balonmano I	Benjamines	28
			Balonmano II	Alevines	30
			Balonmano III	Alevines	34
		Fútbol Sala	Fútbol Sala I	Benjamines	23
			Fútbol Sala II	Alevines	25

23000921 - C.E.PR. Diecinueve de Julio	Bailén	Atletismo	Atletismo 1	Prebenjamines	33
			Atletismo2	Benjamines	35
		Balonmano	Balonmano	Prebenjamines	36
		Fútbol Sala	Fútbol Sala	Benjamines	32
23000982 - C.E.PR. Víctor García Hoz	Beas de Segura	Ajedrez	Grupo ajedrez	Alevines	40
		Atletismo	Grupo Atletismo mixto	Benjamines	47
		Baloncesto	Grupo baloncesto mixto	Benjamines	31
		Fútbol Sala	Grupo Fútbol Sala alevín	Alevines	48
			Grupo Fútbol Sala benjamín	Benjamines	32
			Grupo Fútbol Sala prebenjamín	Prebenjamines	35
			Grupo mixto Fútbol Sala	Benjamines	47
		Voleibol	Grupo voleibol y Balonmano	Benjamines	41
23001071 - C.E.I.P. Torre del Lucero	Bélmez de la Moraleda	Fútbol Sala	Fútbol 1	Prebenjamines	22
			Fútbol 2	Benjamines	33
			Fútbol 3	Alevines	29
			Fútbol 4	Infantiles	33
23001123 - C.E.I.P. Arturo del Moral	Cabra de Santo Cristo	Ajedrez	Ajedrez I	Alevines	24
		Atletismo	Atletismo II	Infantiles	23
			Atletismo I	Benjamines	24
			Atletismo3	Infantiles	24
		Fútbol Sala	Fútbol Sala I	Benjamines	23
			Fútbol Sala II	Alevines	24
			Fútbol Sala IV	Cadetes	23
			Fútbol Sala III	Infantiles	23
23001147 - C.E.I.P. Gregorio Aguilar	Arbuniel	Balonmano	Grupo 4°, 5° y 6°	Alevines	17
		Fútbol Sala	Grupo de 1°,2° y 3°	Benjamines	9

23001159 - C.E.I.P. Castillo de Alhabar	Cambil	Ajedrez	Ajedrez primer grupo	Alevines	20
			Ajedrez segundo Grupo	Infantiles	21
		Balonmano	Balonmano primer grupo	Benjamines	20
			Balonmano segundo grupo	Infantiles	21
		Fútbol Sala	Fútbol-Sala primer grupo	Benjamines	22
			Fútbol-Sala segundo grupo	Alevines	27
23001214 - C.E.I.P. Maestro Carlos Soler	Carchel		Ajedrez	Alevines	18
			Atletismo 1	Alevines	25
			Atletismo 2	Infantiles	27
			Baloncesto	Alevines	28
			Fútbol	Benjamines	18
			Voleibol	Infantiles	20
23001238 - C.E.I.P. Carlos III	La Carolina	Atletismo	Atletismo	Alevines	33
			Atletismo	Prebenjamines	23
		Baloncesto	Baloncesto	Prebenjamines	22
			Baloncesto	Alevines	34
23001263 - C.E.I.P. Manuel Andújar	La Carolina	Atletismo	Atletismo 2	Benjamines	39
			Atletismo1	Prebenjamines	25
		Baloncesto	baloncesto	Alevines	29
			Minibasket	Benjamines	23
		Fútbol Sala	Fútbol 1	Alevines	24
			Fútbol 3	Prebenjamines	17
23001275 - C.E.I.P. Palacios Rubio	La Carolina		Ajedrez	Benjamines	34
			Atletismo	Benjamines	95
		Baloncesto	Baloncesto1	Benjamines	48
			Baloncesto2	Alevines	50
		Balonmano	Balonmano	Benjamines	45
		Fútbol Sala	Fútbol Sala1	Benjamines	32
			Fútbol Sala2	Alevines	30
		Voleibol	Voleibol	Benjamines	45

23001287 - I.E.S. Martín Halaja	La Carolina	Atletismo	Grupo 1	Infantiles	15
			Grupo 2	Cadetes	19
		Fútbol Sala	Grupo 2	Cadetes	34
23001330 - C.E.I.P. Miguel Hernández	Castillo de Locubín	Atletismo	Atletismo	Alevines	43
			Atletismo	Benjamines	29
		Fútbol Sala	Fútbol Sala	Prebenjamines	28
			Fútbol Sala	Benjamines	28
			Fútbol Sala	Alevines	23
		Voleibol	Voleibol	Alevines	25
23001433 - C.E.I.P. Santa María de Nazaret	Chiclana de Segura	Atletismo	Grupo A	Alevines	23
			Grupo B	Infantiles	26
		Fútbol Sala	Grupo A	Alevines	22
			Grupo B	Infantiles	25
23001469 - C.E.I.P. Ntra.Sra. De la Paz	Chillúevar	Ajedrez	Ajedrez adaptado a ciegos	Alevines	27
		Atletismo	Atletismo	Infantiles	23
			Atletismo 2	Benjamines	28
		Baloncesto	Baloncesto	Infantiles	22
		Balonmano	Balonmano	Alevines	26
		Fútbol Sala	Fútbol Sala 1	Benjamines	22
			Fútbol Sala 2	Benjamines	28
23001536 - C.E.I.P. Santa Lucía	Frailes	Atletismo	Atletismo II	Alevines	22
			Atletismo III	Infantiles	18
		Baloncesto	Baloncesto	Prebenjamines	12
		Balonmano	Balonmano	Infantiles	13
		Fútbol Sala	Fútbol Sala I	Alevines	22
			Fútbol Sala II	Infantiles	18

23001548 - C.E.I.P. Virgen de la Fuensanta	Fuensanta de Martos	Atletismo	Atletismo 1	Benjamines	35
			Atletismo 2	Alevines	38
		Baloncesto	Baloncesto	Benjamines	20
		Fútbol Sala	Fútbol Sala 2	Alevines	21
			Fútbol Sala 1	Benjamines	20
		Voleibol	Voleibol	Benjamines	24
23001585 - C.E.I.P. San Marcos	Garcíez	Atletismo	Grupo 2	Alevines	41
		Baloncesto	Grupo 1	Benjamines	41
23001603 - C.E.I.P. Real Mentesa	La Guardia de Jaén	Ajedrez	Ajedrez	Prebenjamines	23
		Baloncesto	Baloncesto 1	Benjamines	24
			Baloncesto 2	Alevines	79
		Fútbol Sala	Fútbol Sala 1	Benjamines	24
			Fútbol Sala 2	Alevines	79
23001627 - C.E.I.P. Carlos III	Guarromán	Ajedrez	Ajedrez	Alevines	16
		Atletismo	Atletismo 1	Prebenjamines	27
			Atletismo 2	Benjamines	25
			Atletismo 3	Alevines	10
		Baloncesto	Voleybasket	Benjamines	20
		Fútbol Sala	Fútbol Sala 1	Prebenjamines	23
			Fútbol Sala 2	Benjamines	27
			Fútbol Sala 3	Alevines	24
23001767 - C.E.I.P. Alférez Segura	Huesa	Ajedrez	Individual 1	Individual 1	18
		Atletismo	Individual 2	Individual 2	32
			Individual 3	Individual 3	28
		Baloncesto	Colectivo 3	Colectivo 3	18
		Balonmano	Colectivo 2	Colectivo 2	28
		Fútbol Sala	Colectivo 1	Colectivo 1	32

187

23001809 - C.E.I.P. Sto.Cristo de Vera Cruz	Iznatoraf	Atletismo	Infantiles	25
		Fútbol Sala 1	Cadetes	6
23001810 - C.E.I.P. Ntro.Padre Jesús	Jabalquinto	Ajedrez	Grupo Indiv. Ajed.	Benjamines	39
		Baloncesto	Grupos Colectivos	Benjamines	35
		Fútbol sala	Grupo Fútbol Alev.	Alevines	34
			Grupo Fútbol Benj.	Benjamines	31
23002097 - C.E.I.P. Santo Domingo	Jaén	Ajedrez	Ajedrez	Alevines	31
		Atletismo	Atletismo	Alevines	51
		Balonmano	Balonmano	Alevines	21
		Fútbol Sala	Fútbol Sala 1	Benjamines	44
			Fútbol Sala 2	Alevines	19
		Voleibol	Voleibol	Alevines	41
23002140 - C.E.I.P. Santo Tomás	Jaén	Atletismo	ATL 3º, 4º y 5º	Infantiles	27
			ATL 6º	Infantiles	13
		Baloncesto	BAL 3º, 4º y 5º	Infantiles	28
			BAL 6º	Infantiles	16
23002152 - C.E.I.P. Peñamefecit	Jaén	Atletismo	Atletismo 1	Alevines	23
			Atletismo 2	Benjamines	23
			Atletismo 3	Prebenjamines	20
		Baloncesto	Baloncesto Benjamín	Benjamines	19
		Fútbol Sala	Fútbol Sala	Alevines	24
			Fútbol Sala Prebenj.	Prebenjamines	23

23002164 - C.E.I.P. Ruiz Jiménez	Jaén	Atletismo	I Atletismo	Prebenjamines	27
			II Atletismo	Benjamines	34
			III Atletismo	Alevines	30
			IV Atletismo	Infantiles	33
		Balonmano	I Balonmano	Benjamines	34
			II Balonmano	Alevines	30
		Fútbol Sala	I Fútbol Sala	Prebenjamines	27
			II Fútbol Sala	Benjamines	34
			III Fútbol Sala	Alevines	30
			IV Fútbol Sala	Infantiles	33
		Voleibol	I Voleibol	Prebenjamines	27
			II Voleibol	Infantiles	33
23002188 - C.E.I.P. Agustín Serrano de Haro	Jaén	Ajedrez	Ajedrez	Alevines	25
		Atletismo	Atletismo	Alevines	24
		Baloncesto	Baloncesto	Alevines	25
		Fútbol Sala	Fútbol Sala	Alevines	29
23002191 - C.E.I.P. Martín Noguera	Jaén	Ajedrez	Ajedrez	Benjamines	12
		Atletismo	Atletismo	Benjamines	42
		Fútbol Sala	Fútbol Sala	Prebenjamines	54
		Voleibol	Voleibol	Benjamines	54
23002206 - C.E.I.P. Jesús-María	Jaén	Atletismo	A	Prebenjamines	37
		Balonmano	C	Benjamines	17
			E	Alevines	18
		Fútbol Sala	B	Prebenjamines	17
			D	Benjamines	18
			F	Alevines	19

23002231 - C.E.I.P. Ramón Calatayud	Jaén	Ajedrez	Ajedrez	Alevines	29
		Atletismo	Atletismo	Alevines	46
		Baloncesto	Baloncesto I	Benjamines	28
			Baloncesto II	Alevines	46
		Fútbol Sala	Fútbol Sala I	Benjamines	29
			Fútbol Sala II	Alevines	46
23002255 - C.E.PR. Almadén	Jaén	Ajedrez	Ajedrez	Alevines	25
		Atletismo	Atletismo 1	Benjamines	32
			Atletismo 2	Alevines	40
		Baloncesto	Baloncesto 1	Benjamines	23
			Baloncesto 2	Alevines	25
		Fútbol Sala	Fútbol Sala 1	Prebenjamines	16
			Fútbol Sala 2	Benjamines	15
			Fútbol Sala 3	Alevines	20
23002267 - C.E.I.P. Ntra.Sra. De la Capilla	Jaén	Atletismo	Atletismo	Benjamines	61
		Baloncesto	Baloncesto 1	Prebenjamines	30
			Baloncesto 2	Benjamines	18
		Balonmano	Balonmano	Benjamines	24
		Fútbol Sala	Fútbol Sala 1	Prebenjamines	32
			Fútbol Sala 2	Alevines	18
23002401 - I.E.S. Virgen del Carmen	Jaén	Baloncesto	Baloncesto	Infantiles	22
		Fútbol Sala	Fútbol Sala	Infantiles	26
23002413 - I.E.S. Santa Catalina de Alejandría	Jaén	Fútbol Sala	Fútbol Sala Infantil Masculino	Infantiles	0

23002449 - I.E.S. Las Fuen-tezuelas	Jaén	Ajedrez	Ajedrez 1	Infantiles	26
			Ajedrez 2	Cadetes	26
		Baloncesto	Baloncesto 1	Infantiles	40
			Baloncesto 2	Cadetes	27
		Fútbol Sala	Fútbol Sala 1	Infantiles	25
			Fútbol Sala 2	Infantiles	24
			Fútbol Sala 3	Cadetes	19
			Fútbol Sala 4	Cadetes	20
		Voleibol	Voleibol 1	Cadetes	32
23002474 - I.E.S. Jabalcuz	Jaén	Atletismo	Atletismo	Infantiles	36
		Baloncesto	Baloncesto	Infantiles	42
		Balonmano	Balonmano	Infantiles	11
		Fútbol Sala	Fútbol Sala	Infantiles	19
		Voleibol	Voleibol	Infantiles	0
23002486 - C.E.I.P. Cándi-do Nogales	Jaén	Ajedrez	Ajedrez	Benjamines	11
		Atletismo	Atletismo 1	Prebenjamines	14
			Atletismo 2	Alevines	14
		Baloncesto	Baloncesto 1	Prebenjamines	24
			Baloncesto 2	Alevines	16
		Balonmano	Balonmano	Benjamines	11
		Fútbol Sala	Fútbol Sala 1	Prebenjamines	27
			Fútbol Sala 2	Benjamines	17
			Fútbol Sala 3	Alevines	17
23002498 - C.E.I.P. Navas de Tolosa	Jaén	Ajedrez	Ajedrez	Benjamines	30
		Atletismo	Atletismo	Alevines	16
		Baloncesto	Baloncesto	Benjamines	15
			Baloncesto	Prebenjamines	16
		Fútbol Sala	Fútbol Sala	Alevine	24
		Voleibol	Voleibol	Benjamines	14

23002504 - C.E.I.P. Padre Rejas	Jamilena	Ajedrez	Deporte individual-Ajedrez-Grupo A	Benjamines	20
			Deporte individual-Ajedrez-Grupo B	Benjamines	19
		Atletismo	Deporte individual-Atletismo-Grupo A	Alevines	20
			Deporte individual-Atletismo-Grupo B	Alevines	21
		Baloncesto	Deporte colectivo	Benjamines	17
			Deporte colectivo 3	Alevines	21
			Deporte colectivo 4	Alevines	23
			Deporte colectivo 2	Benjamines	17
23002516 - C.E.I.P. Ntra.Sra.De los Remedios	Jimena	Atletismo	Grupo 4	Alevines	62
			Grupo 1	Benjamines	20
			Grupo 2	Alevines	36
		Fútbol Sala	Grupo 3	Infantiles	15
23002528 - C.E.PR. Virgen de Fátima	Jódar	Ajedrez	Grupo VII	Infantiles	15
			Grupo I	Prebenjamines	48
			Grupo II	Prebenjamines	16
		Atletismo	Grupo III	Benjamines	13
			Grupo IV	Benjamines	22
			Grupo V	Alevines	18
			Grupo VI	Infantiles	19
23002531 - C.E.I.P. General Fresneda	Jódar	Atletismo	Atletismo-Ajedr.	Benjamines	25
		Baloncesto	Baloncesto	Benjamines	51
		Balonmano	Balonmano	Alevines	11
		Fútbol Sala	Fútbol Sala	Benjamines	54

23002541 - I.E.S. Juan López Morillas	Jódar	Ajedrez	ajedrez cadete	Cadetes	27
		Atletismo	Atletismo cadete 1	Cadetes	18
			Atletismo Cadete 2	Cadetes	18
		Baloncesto	Baloncesto cadete	Cadetes	29
		Fútbol Sala	Fútbol Sala cadete	Cadetes	28
		Voleibol	Voleibol 1	Cadetes	28
23002711 - C.E.I.P. Santa Ana	Linares	Atletismo	Atletismo 1	Benjamines	39
			Atletismo 2	Alevines	47
		Baloncesto	Baloncesto 1	Benjamines	42
			Baloncesto 2	Alevines	52
		Fútbol Sala	Fútbol Sala 1	Benjamines	29
			Fútbol Sala 2	Alevines	44
23002735 - C.E.I.P. Padre Poveda	Linares	Ajedrez	Ajedrez	Benjamines	77
		Baloncesto	Primer Ciclo 1	Prebenjamines	31
			Tercer Ciclo 3	Alevines	29
		Fútbol Sala	Segundo Ciclo	Benjamines	34
23002759 - C.E.I.P. Virgen de Linarejos	Linares	Atletismo	2 Atletismo	Alevines	23
		Baloncesto	1 Baloncesto	Alevines	27
		Balonmano	4 Balonmano	Alevines	30
		Fútbol Sala	3 Fútbol Sala	Alevines	26
23002760 - C.E.I.P. Jaén	Linares	Ajedrez	Ajedrez	Benjamines	63
		Atletismo	Atletismo	Alevines	62
		Baloncesto	Baloncesto Alevín	Alevines	21
			Baloncesto Benjamín	Benjamines	20
		Fútbol Sala	Fútbol Alevín	Alevines	20
			Fútbol Benjamín	Benjamines	22
			Fútbol Prebenjamín	Prebenjamines	22
		Voleibol	Voleibol	Benjamines	19

23002784 - C.E.I.P. Tetuán	Linares		Ajedrez	Benjamines	26
			Atletismo1	Prebenjamines	30
			Atletismo2	Alevines	35
			Baloncesto	Benjamines	13
			Balonmano	Benjamines	26
			Fútbol Sala1	Prebenjamines	30
			Fútbol Sala2	Alevines	23
23002796 - C.E.I.P. Colón	Linares	Ajedrez	Ajedrez	Alevines	12
		Atletismo	Atletismo	Alevines	36
		Baloncesto	Baloncesto Alevín	Alevines	55
			Baloncesto Benjamín	Benjamines	31
		Balonmano	Multideporte	Alevines	16
		Fútbol Sala	Fútbol Sala Alevín	Alevines	23
			Fútbol Sala Benjamín	Benjamines	20
			Fútbol Sala Prebenjamín	Prebenjamines	18
23002905 - C.E.I.P. Miguel de Cervantes	Lopera	Ajedrez	Ajedrez Alevín. 1 1° C	Alevines	28
		Atletismo	Atletismo Alevín. 1 1° C	Alevines	26
		Baloncesto	Baloncesto Alevín 1 1°C	Alevines	23
			Baloncesto Benjamín 1 1°	Benjamines	20
		Balonmano	Balonmano Alevín 1 1° C	Alevines	22
		Fútbol Sala	Fútbol Sala Alevín 1 1°C	Alevines	26
			Fútbol Sala Benjamín 1 1°C	Benjamines	24
23002942 - C.E.I.P. Sixto Sigler	Mancha Real		Atletismo	Alevines	18
			Baloncesto	Benjamines	21
			Fútbol Sala	Benjamines	18

23003090 - C.E.I.P. San Amador	Martos	Atletismo	Alevines	47
		Baloncesto	Benjamines	53
		Fútbol Sala 1	Prebenjamines	16
		Fútbol Sala 2	Benjamines	26
		Fútbol Sala 3	Alevines	24
23003107 - C.E.PR. Virgen de la Villa	Martos	Ajedrez	A	Prebenjamines	24
		Atletismo	C	Benjamines	28
		Baloncesto	B	Prebenjamines	36
		Balonmano	F	Alevines	23
		Fútbol Sala	E	Alevines	33
		Voleibol	D	Benjamines	25
23003132 - I.E.S. San Felipe Neri	Martos	Ajedrez	A	Cadetes	23
		Atletismo	B	Infantiles	34
			C	Cadetes	18
		Baloncesto	G	Infantiles	17
			H	Cadetes	17
		Fútbol Sala	D	Alevines	14
			E	Infantiles	16
			F	Cadetes	17
23003181 - C.E.I.P. José Plata	Mengíbar	Ajedrez	Alevines	26
		Atletismo	Alevines	40
		Atletismo	Benjamines	37
		Baloncesto y Balonmano	Alevines	48
		Fútbol-Sala	Benjamines	28
		Fútbol-Sala	Alevines	32

23003247 - C.E.PR. Virgen de la Estrella	Navas de San Juan	Ajedrez	Ajedrez-Prebenj	Prebenjamines	24
		Atletismo	Atletismo-Benj.	Benjamines	38
			Atletismo-Prebenj	Prebenjamines	24
		Baloncesto	Baloncesto-Alevín	Alevines	30
			Baloncesto-Benjam.	Benjamines	33
			Baloncesto-Prebenj	Prebenjamines	33
		Balonmano	Balonmano-Benj.	Benjamines	32
		Fútbol Sala	Fútbol Sala-Alevín	Alevines	31
			Fútbol Sala-Benj.	Benjamines	37
			Fútbol Sala-Prebenj	Prebenjamines	31
		Voleibol	Voleibol-Alevín	Alevines	30
23003284 - C.E.I.P. Ntra. Sra. De la Encarnación	Peal de Becerro	Atletismo	Mixto	Alevines	40
		Fútbol Sala	Alevín	Alevines	23
			Benjamín	Benjamines	17
23003429 - C.E.I.P. Virgen del Tiscar	Quesada	Ajedrez	Alevín Ajedrez	Alevines	25
		Atletismo	Benjamines ajedrez	Benjamines	27
			Prebenj. Atletismo	Prebenjamines	19
		Fútbol Sala	Alevín Fútbol Sala	Alevines	31
			Prebenj. Fútbol Sala	Prebenjamines	27
		Voleibol	Benj. Voleibol	Benjamines	30
23003442 - C.E.I.P. Nueva Andalucía	Rus	Atletismo	Diversidad Deportiva. Atletismo	Alevines	23
		Baloncesto	Baloncesto	Alevines	26
		Fútbol Sala	Fútbol Sala 1	Benjamines	23
			Fútbol Sala 2	Alevines	25
23003466 - C.E.I.P. Carlos III	Santa Elena	Atletismo	Atletismo	Alevines	16
		Balonmano	Balonmano	Infantiles	19
		Voleibol	Voleibol	Benjamines	20

		Ajedrez	Ajedrez	Benjamines	24
23003569 - C.E.I.P. Santiago Apóstol	Santiago de la Espada	Atletismo	Atletismo	Benjamines	24
		Baloncesto	Baloncesto	Benjamines	48
		Voleibol	Voleibol	Benjamines	48
23003570 - R.E. Mirasierra	Santiago de la Espada	Atletismo	Atletismo	Infantiles	30
		Baloncesto	Baloncesto 1	Infantiles	16
			Baloncesto 2	Infantiles	34
		Fútbol Sala	Fútbol 1	Benjamines	33
			Fútbol 2	Infantiles	60
		Voleibol	Voleibol	Infantiles	21
23003612 - C.E.I.P. Bachiller Pérez de Moya	Santisteban del Puerto	Ajedrez	Ajedrez	Benjamines	26
		Atletismo	Atletismo 1	Alevines	25
			Atletismo 2	Alevines	34
		Baloncesto	Baloncesto	Alevines	29
		Fútbol Sala	Fútbol 1	Benjamines	28
			Fútbol 2	Alevines	22
23003673 - C.E.I.P. Ntra.Sra. De los Remedios	Santo Tomé	Ajedrez	1º Prebenjamines Ajedrez	1º Prebenjamines Ajedrez	10
			2º Benjamines Ajedrez	2º Benjamines Ajedrez	13
			3º Alevines ajedrez	3º Alevines Ajedrez	8
			4º Infantil Ajedrez	4º Infantil Ajedrez	7
		Atletismo	1º Prebenjamines Atletismo	1º Prebenjamines Atletismo	12
			2º Benjamines Atletismo	2º Benjamines Atletismo	19
			3º Alevines Atletismo	3º Alevines Atletismo	9
			4º Infantil Atletismo	4º Infantil Atletismo	9

Baloncesto	1º Prebenjamines Baloncesto	1º Prebenjamines Baloncesto	9
	2º Benjamines Baloncesto	2º Benjamines Baloncesto	16
	3º Alevines Baloncesto	3º Alevines Baloncesto	6
	4º Infantiles Baloncesto	4º Infantiles Baloncesto	10
Balonmano	1º Prebenjamines Balonmano	1º Prebenjamines Balonmano	12
	2º benjamines Balonmano	2º benjamines Balonmano	17
	3º Alevines Balonmano	3º Alevines Balonmano	11
	4º Infantiles Balonmano	4º Infantiles Balonmano	9
Fútbol Sala	1º prebenjamines Fútbol	1º prebenjamines Fútbol	11
	2º Benjamines Fútbol	2º Benjamines Fútbol	24
	3º Alevines Fútbol	3º Alevines Fútbol	7
	4º Infantiles Fútbol	4º Infantiles Fútbol	9
Voleibol	1º Prebenjamines Voleibol	1º Prebenjamines Voleibol	9
	2º benjamines Voleibol	2º benjamines Voleibol	14
	3º Alevines Voleibol	3º Alevines Voleibol	11
	4º Infantil Voleibol	4º Infantil Voleibol	6

		Grupo deporte individual ajedrez		
23003892 - C.E.I.P. Padre Manjón	Sorihuela del Guadalimar	Ajedrez	Benjamines	30
		Baloncesto	Benjamines	29
		Fútbol Sala	Alevines	28
			Benjamines	27
23003922 - C.E.I.P. San Isidoro	Torredelcampo	Ajedrez	Grupo colectivos	
			Grupo Fútbol Sala alevín	
			Grupo Fútbol Sala benjamín	
			Ajedrez1 Prebenjamines	31
			Ajedrez2 Benjamines	33
			Ajedrez3 Alevines	30
		Atletismo	Atletismo1 Prebenjamines	34
			Atletismo2 Alevines	36
		Balonmano	Balonmano1 Prebenjamines	36
			Balonmano2 Alevines	34
		Fútbol Sala	Fútbol Sala1 Prebenjamines	31
			Fútbol Sala2 Benjamines	32
			Fútbol Sala3 Alevines	31
23003983 - I.E.S. Santo Reino	Torredonjimeno	Ajedrez	Ajedrez infantil Infantiles	30
		Atletismo	Atletismo infantil Infantiles	30
		Baloncesto	Baloncesto infantil Infantiles	31
		Fútbol Sala	Fútbol infantil Infantiles	30
23004011 - C.E.I.P. Ntra.Sra. De la Misericordia	Torreperogil	Ajedrez	Ajedrez A Prebenjamines	12
			Ajedrez B Benjamines	8
		Baloncesto	Baloncesto (grupo A) Benjamines	18
			Baloncesto (grupo B) Benjamines	23
		Fútbol Sala	Fútbol Sala (grupo A) Prebenjamines	16
			Fútbol Sala (grupo B) Benjamines	20
23004057 - C.E.I.P. Aznaitín	Torres	Atletismo	Atletismo Alevines	55
		Baloncesto	Baloncesto Benjamines	55
		Fútbol Sala	Fútbol Sala 1 Benjamines	31
			Fútbol Sala 2 Alevines	24

23004094 - C.E.I.P. Donadío	Donadío	Baloncesto	Prebenjamines-benj.	Benjamines	16
		Fútbol Sala	Alevines-infantiles	Infantiles	13
23004215 - C.E.I.P. Virgen de Guadalupe	Úbeda	Ajedrez	Grupo ajedrez	Benjamines	36
		Baloncesto	Grupo baloncesto mixto	Benjamines	41
			Grupo F. Sala alev.	Alevines	30
		Fútbol Sala	Grupo F. Sala benj.	Benjamines	40
			Grupo F. Sala preb.	Prebenjamines	28
		Voleibol	Grupo mixto voleib.	Benjamines	31
23004239 - C.E.I.P. Sebastián de Córdoba	Úbeda	Ajedrez	Grupo Ajedrez 1	Benjamines	38
			Grupo Ajedrez 2	Benjamines	40
		Baloncesto	Grupo Baloncesto 1	Alevines	37
			Grupo Baloncesto 2	Prebenjamines	37
			Grupo F. Sala alev.	Alevines	31
		Fútbol Sala	Grupo F. Sala benj.	Benjamines	32
			Grupo F. Sala mixto	Alevines	34
			Grupo F. Sala preb.	Prebenjamines	37
23004252 - I.E.S. San Juan de la Cruz	Úbeda	Ajedrez	Ajedrez cadete	Cadetes	27
			Ajedrez infantil	Infantiles	26
		Atletismo	Atletismo cadete	Cadetes	27
			Atletismo infantil	Infantiles	26
		Baloncesto	Baloncesto infantil	Infantiles	27
		Fútbol Sala	Fútbol Sala cadete	Cadetes	28
			Fútbol Sala infantil	Infantiles	26
		Voleibol	Voleibol cadete	Cadetes	27
23004264 - I.E.S. Los Cerros	Úbeda	Atletismo	Atletismo cadetes	Cadetes	26
			Atletismo infantiles	Infantiles	25
		Fútbol Sala	Grupo Fútbol cadete	Cadetes	25
			Grupo Fútbol infant.	Infantiles	25

Código - Centro	Localidad	Actividad	Grupo	Categoría	Nº
23004291 - C.E.I.P. Santiago Apóstol	Valdepeñas de Jaén	Ajedrez	Grupo F	Alevines	28
		Atletismo	Grupo D	Benjamines	26
			Grupo E	Benjamines	23
		Fútbol Sala	Grupo A	Prebenjamines	31
			Grupo B	Benjamines	28
			Grupo C	Alevines	27
23004379 - C.E.I.P. Ntra. Sra. Del Castillo	Vilches	Ajedrez	Ajedrez	Infantiles	47
		Atletismo	Atletismo	Alevines	24
		Fútbol Sala	Fútbol	Alevines	22
			Fútbol2	Benjamines	20
		Voleibol	Voleibol	Alevines	29
			Voleibol2	Benjamines	20
23004461 - C.E.I.P. San Vicente Mártir	Mogón	Ajedrez	Grupo Individual	Benjamines	29
		Fútbol Sala	Grupo Colectivos	Benjamines	52
23004562 - C.E.I.P. Santa Potenciana	Villanueva de la Reina	Ajedrez	Ajedrez	Prebenjamines	30
		Atletismo	Atletismo1	Prebenjamines	33
			Atletismo2	Benjamines	34
			Atletismo3	Alevines	37
		Baloncesto	Multideportiva3	Benjamines	33
			Multideportiva4	Alevines	35
		Balonmano	Multideportiva1	Prebenjamines	33
		Fútbol Sala	Multideportiva2	Benjamines	33
23004604 - C.E.I.P. Ntra. Sra. De la Fuensanta	Villanueva del Arzobispo	Ajedrez	Deportes Individ. H	Alevines	35
		Atletismo	Deportes Individ. C	Prebenjamines	36
		Balonmano	Deportes Colect. B	Prebenjamines	25
			Deportes Colectivos	Alevines	22
		Fútbol Sala	Deportes Colect. A	Prebenjamines	26
			Deportes Colect. E	Benjamines	21
		Voleibol	Deportes Colect. D	Benjamines	25
			Deportes Colect. F	Alevines	20

201

23004631 - C.E.I.P. San Francisco de Asís	Villardompardo		Atletismo	Infantiles	48
			Baloncesto	Infantiles	23
			Fútbol Sala	Infantiles	24
			Voleibol	Infantiles	15
23004641 - C.E.I.P. Ntra. Sra. Del Rosario	Los Villares		Ajedrez	Ajedrez grupo A	Prebenjamines	20
			Ajedrez grupo B	Alevines	29
		Atletismo	Atletismo grupo A	Prebenjamines	30
			Atletismo grupo B	Alevines	25
		Baloncesto	Baloncesto grupo A	Prebenjamines	13
			Baloncesto grupo B	Benjamines	20
		Balonmano	Balonmano grupo A	Prebenjamines	30
			Balonmano grupo B	Alevines	31
		Fútbol Sala	fútbol Sala Grupo A	Prebenjamines	19
			Fútbol Sala grupo B	Benjamines	26
23004653 - C.E.I.P. Francisco Badillo	Villargordo		Ajedrez	Benjamines	23
		Atletismo	Atletismo 1	Benjamines	20
			Atletismo 2	Alevines	22
		Baloncesto	Baloncesto 1	Benjamines	19
			Baloncesto 2	Alevines	13
		Fútbol Sala	Fútbol Sala 1	Benjamines	18
			Fútbol Sala 2	Alevines	24
23004938 - I.E.S. Narciso Mesa Fernández	Jódar		Baloncesto	grupo02	Cadetes	13
			Fútbol Sala	grupo01	Cadetes	21
23005049 - I.E.S. Pablo de Olavide	La Carolina		Ajedrez	ajedrez	Cadetes	14
			Atletismo	Atletismo	Cadetes	125
			Baloncesto	baloncesto infantil	Infantiles	16
			Fútbol Sala	Fútbol Sala cadete	Cadetes	83
				Fútbol Sala infantil	Infantiles	52
			Voleibol	voleibol	Cadetes	12

23005062 - I.E.S. Auringis	Jaén	Atletismo	Infantiles	0
		Baloncesto	Infantiles	0
		Fútbol-Sala 1	Infantiles	0
		Voleibol	Infantiles	0
23005074 - I.E.S. Peña del Águila	Mancha Real	Baloncesto	Cadetes	8
		Fútbol Sala	Cadetes	8
23005104 - R.E. Bellavista	Villanueva del Arzobispo	Ajedrez	Alevines	27
		Atletismo	Infantiles	24
		Tenis de Mesa	Infantiles	33
		Balonmano	Cadetes	30
		Fútbol Sala	Alevines	31
		Fútbol Sala 2	Infantiles	28
		Voleibol	Infantiles	29
23005153 - I.E.S. Sierra Mágina	Mancha Real	Atletismo	Infantiles	16
		Baloncesto	Infantiles	19
		Fútbol Sala	Infantiles	18
		Voleibol	Infantiles	17
23005177 - C.E.I.P. Félix Rodríguez de la Fuente	Andújar	Ajedrez	Alevín Mixto Ajedrez	32
		Atletismo	Alevín Mixto Atletismo	34
		Fútbol Sala	Alevín Mixto Fútbol Sala	26
			Benjamín Mixto Fútbol Sala	18
		Voleibol	Alevín Mixto Voleibol	28
			Benjamín Mixto Voleibol	28
23005189 - C.E.PR. Los Arrayanes	Linares	Atletismo	Atletismo 1	35
			Atletismo 2	34
		Baloncesto	Benjamines	32
		Fútbol Sala	Prebenjamines	37

		Ajedrez	Quinto	Alevines	35
23005190 - C.E.I.P. Juan Pasquau	Úbeda	Atletismo	Segundo	Prebenjamines	39
		Baloncesto	Tercero	Benjamines	30
		Balonmano	Cuarto	Benjamines	30
		Fútbol Sala	Primero	Prebenjamines	30
		Voleibol	Sexto	Alevines	32
23005207 - C.E.I.P. Manuel de la Chica	Mengíbar	Ajedrez	Ajedrez	Benjamines	26
		Atletismo	Atletismo I	Prebenjamines	35
			Atletismo II	Benjamines	32
			Atletismo III	Alevines	36
		Baloncesto	Baloncesto	Benjamines	37
		Fútbol Sala	Fútbol Sala I	Prebenjamines	33
			Fútbol Sala II	Alevines	34
			Fútbol Sala III	Benjamines	30
23005372 - I.E.S. Guadalentín	Pozo Alcón	Ajedrez	Ajedrez Cadetes	Cadetes	39
			Ajedrez Infantiles	Infantiles	25
		Atletismo	Atletismo infantiles	Infantiles	25
		Baloncesto	Baloncesto 1	Infantiles	30
			Baloncesto 2	Cadetes	34
		Fútbol Sala	Fútbol Sala Infantil	Infantiles	28
			Fútbol Sala 2	Cadetes	29
		Voleibol	Voleibol	Infantiles	31
23005451 - C.E.I.P. Doctor Fleming	Jódar	Ajedrez	Ajedrez	Prebenjamines	21
		Atletismo	Atletismo	Alevines	33
		Baloncesto	Baloncesto Infantil	Infantiles	33
		Fútbol Sala	Fútbol Sala Benjamín	Benjamines	31
23005499 - C.E.I.P. Príncipe Felipe	Torredelcampo	Baloncesto	Grupo 1	Benjamines	27
			Grupo2	Prebenjamines	20
		Voleibol	Grupo 3	Benjamines	25
			Grupo 4	Prebenjamines	18

23005505 - C.E.I.P. Juan Carlos I	Torredelcampo	Ajedrez	Alevines	34
		Atletismo	Prebenjamines	47
			Alevines	32
		Fútbol 1	Prebenjamines	19
		Fútbol 2	Benjamines	30
		Fútbol 3	Alevines	28
		Voleibol 1	Benjamines	25
		Voleibol 2	Alevines	16
23005530 - C.E.PR. Rafael Aldehuela	Alcaudete	Ajedrez	Alevines	26
		Atletismo	Alevines	30
		Atletismo	Prebenjamines	33
		Multideporte	Prebenjamines	26
		Fútbol Sala	Alevines	21
		Fútbol Sala	Prebenjamines	16
		Voleibol	Alevines	29
23005608 - C.E.I.P. San Juan	Valdepeñas de Jaén	Ajedrez	Benjamines	17
		Atletismo	Benjamines	20
		Baloncesto	Alevines	26
		Fútbol	Benjamines	19
23005611 - C.E.I.P. Pintor Cristóbal Ruiz	Villacarrillo	Alevín Individual	Alevines	8
		Benjamín Individual	Benjamines	10
		Prebenjamín Individual	Prebenjamines	14
		Alevín Colectivo	Alevines	14
		Benjamín Colectivo	Benjamines	17
		Prebenjamín Colectivo	Prebenjamines	10

23005694 - I.E.S. Jándula	Andújar	Ajedrez	Ajedrez	Infantiles	32
		Atletismo	Atletismo	Cadetes	49
		Atletismo	Atletismo	Infantiles	48
		Baloncesto	Baloncesto	Cadetes	27
		Fútbol Sala	Fútbol Sala	Infantiles	20
		Fútbol Sala	Fútbol Sala	Alevines	21
		Fútbol Sala	Fútbol Sala	Cadetes	26
		Voleibol	Voleibol	Cadetes	23
		Voleibol	Voleibol	Infantiles	20
23005748 - C.E.I.P. Ntra. Sra. De Zocueca	Bailén	Ajedrez	Ajedrez	Prebenjamines	25
		Atletismo	Atletismo	Alevines	31
		Baloncesto	Baloncesto	Benjamines	25
		Balonmano	Balonmano	Prebenjamines	27
		Fútbol Sala	Fútbol Sala	Prebenjamines	23
		Fútbol Sala	Fútbol Sala	Benjamines	28
		Voleibol	Voleibol	Alevines	33
23005773 - C.E.PR. Maestros Arroquia-Martínez	Jódar	Atletismo	1	Prebenjamines	21
		Baloncesto	3	Alevines	26
		Balonmano	5	Infantiles	25
		Fútbol Sala	2	Benjamines	34
		Fútbol Sala	4	Alevines	30
		Voleibol	6	Infantiles	22
23005839 - C.E.I.P. Ponce de León	Torredonjimeno	Fútbol Sala	Grupo 1	Prebenjamines	26
		Fútbol Sala	Grupo 2	Benjamines	18
		Fútbol Sala	Grupo 3	Alevines	17
		Fútbol Sala	Grupo 4	Infantiles	22

23005906 - I.E.S. Fuente de la Peña	Jaén	Ajedrez	Ajedrez 1	Infantiles	15
			Ajedrez 2	Infantiles	14
		Atletismo	Atletismo 1	Alevines	16
			Atletismo 2	Infantiles	18
		Baloncesto	Baloncesto	Alevines	20
		Fútbol Sala	Fútbol 1	Alevines	20
			Fútbol 2	Infantiles	21
		Voleibol	Voleibol	Alevines	20
23005931 - C.E.I.P. Antonio Machado	Peal de Becerro	Atletismo	Grupo 4	Benjamines	31
			Grupo 6	Infantiles	37
		Baloncesto	Grupo 2	Benjamines	20
			Grupo 3	Alevines	27
			Grupo 5	Alevines	21
		Fútbol Sala	Grupo 1	Prebenjamines	20
23005943 - C.E.I.P. José Luis Verdes	Quesada	Atletismo	Atletismo Alevín	Alevines	32
		Baloncesto	Baloncesto Benjam.	Benjamines	45
		Fútbol Sala	Fútbol Sala Alevín	Alevines	32
			Fútbol Sala Prebenj.	Prebenjamines	23
23601102 - C.P.R. Sierra Sur	Santa Ana	Baloncesto	Multideporte Hoya	Prebenjamines	14
		Fútbol Sala	Fútbol Sala Charilla	Alevines	10
			Fútbol Sala Ribera	Benjamines	14
			Fútbol Sala Sta Ana	Alevines	26
23601114 - C.P.R. Atalaya	La Iruela	Atletismo	Atletismo	Infantiles	37
		Baloncesto	Baloncesto	Infantiles	14
		Balonmano	Balonmano	Infantiles	35
		Fútbol Sala	Fútbol Sala	Alevines	28

23601126 - C.P.R. El Collao	Torres de Albánchez	Baloncesto	Villarrodrigo	Alevines	15
		Balonmano	Onsares	Alevines	9
		Fútbol Sala	Génave	Alevines	29
			Torres	Infantiles	21
			Torres	Cadetes	15
			Torres	Benjamines	22
			Torres	Alevines	28
23601138 - C.P.R. Alto Guadalquivir	Coto Ríos	Atletismo	1	Alevines	27
		Fútbol Sala	2	Cadetes	20
23601230 - C.P.R. El Olivo	Alcalá la Real	Ajedrez	Mures Multideporte	Benjamines	19
		Atletismo	Ermita Nueva Multideporte	Benjamines	16
			Hortichuela Multideporte	Alevines	3
		Baloncesto	Pedriza Multideporte	Benjamines	12
			Ermita Nueva Fút.	Alevines	20
		Fútbol Sala	Mures Fútbol 1	Prebenjamines	12
			Mures Fútbol 2	Benjamines	12
		Voleibol	Pedriza Hockey	Alevines	9
23601242 - C.P.R. Valle de San Juan	Ventas del Carrizal	Atletismo	Todas las categorías Sabariego	Alevines	6
			Todas las categorías San José	Benjamines	8
			Todas las categorías Ventas del Carrizal	Alevines	13
		Fútbol Sala	Alevines Rábita	Alevines	18
			Benjamines Rábita	Benjamines	14
			Prebenjam. Rábita	Prebenjamines	17
23601254 - C.P.R. Los Valles	Collejares	Ajedrez	Ajedrez	Alevines	7
		Atletismo	Atletismo	Prebenjamines	10
		Baloncesto	Baloncesto	Benjamines	10
		Fútbol Sala	Fútbol	Infantiles	11

23601291 - C.P.R. Sierra de Segura	Cortijos Nuevos	Ajedrez	Grupo Individuales	Benjamines	40
		Baloncesto	Grupo Colectivo Mix.	Benjamines	40
		Fútbol Sala	Grupo Alevines Fútbol Sala	Alevines	37
			Grupo Benjamín Fútbol Sala	Benjamines	26
23601311 - C.E.I.P. San José Calasanz	Mancha Real	Ajedrez	Ajedrez	Benjamines	32
		Atletismo	Atletismo	Benjamines	48
		Baloncesto	Baloncesto	Alevines	71
		Fútbol Sala	Fútbol Sala 1	Prebenjamines	34
			Fútbol Sala 2	Alevines	18
		Voleibol	Voleibol	Benjamines	38
23601321 - C.E.I.P. San Marcos	Mancha Real	Ajedrez	Ajedrez	Benjamines	36
		Atletismo	Atletismo	Benjamines	44
		Baloncesto	Baloncesto 1	Benjamines	45
			Baloncesto 2	Alevines	23
		Fútbol Sala	Fútbol Sala Alevín	Alevines	25
			Fútbol Sala Benj.	Benjamines	23
			Fútbol Sala Prebenj.	Prebenjamines	19
		Voleibol	Voleibol	Benjamines	29
23601333 - C.E.I.P. Ntra. Sra. de la Asunción	Hornos	Ajedrez	Grupo Individual	Benjamines	26
		Fútbol Sala	Grupo Colectivo	Benjamines	22
23700177 - R.E. EE.MM. La Granja	Marmolejo	Ajedrez	Ajedrez	Infantiles	4
		Atletismo	Atletismo	Cadetes	19
		Fútbol Sala	Fútbol Sala	Cadetes	22
		Voleibol	Voleibol	Cadetes	0

23700271 - I.E.S. El Valle	Jaén		Ajedrez	Cadetes	12
			Atletismo	Cadetes	18
			Atletismo y Otros	Infantiles	16
			Baloncesto	Infantiles	12
			Fútbol Sala	Cadetes	13
			Fútbol Sala 2	Infantiles	19
			Voleibol	Infantiles	17
23700281 - I.E.S. Oretania	Linares		Ajedrez	Infantiles	42
			Atletismo	Infantiles	38
			Baloncesto	Infantiles	14
			Fútbol Sala	Cadetes	16
			Fútbol Sala	Infantiles	19
			Voleibol	Cadetes	24
23700301 - I.E.S. Albariza	Mengíbar		Atletismo I	Infantiles	40
			FÚTBOL SALA I	Alevines	22
			FÚTBOL SALA II	Alevines	14
23700323 - I.E.S. Doctor Francisco Marín	Siles		Ajedrez Infantil	Infantiles	26
			Atletismo Cadete	Cadetes	28
			Atletismo Infantil	Infantiles	25
			Baloncesto Infantil	Infantiles	26
			Fútbol Sala Infantil	Infantiles	25
			Voleibol Cadet	Cadetes	29
23700335 - I.E.S. Acebuche	Torredonjimeno	Infantiles	Baloncesto 1º Eso	Infantiles	30
			Baloncesto 2º Eso	Infantiles	30
			Balonc. 3º Y 4º ESO	Cadetes	31
		Cadetes	Fútbol Sala 1º Eso	Infantiles	30
			Fútbol Sala 2ºESO	Infantiles	30
			Fútbol Sala 3º Y 4º ESO	Cadetes	32

23700347 - I.E.S. Sierra Sur	Valdepeñas de Jaén	Ajedrez	Ajedrez Cadetes	Cadetes	20
			Ajedrez Infantiles	Infantiles	22
		Atletismo	Atletismo Cadetes I	Cadetes	22
			Atletismo Cadet. II	Infantiles	21
			Atletismo Infant. I	Infantiles	26
			Atletismo Infant. II	Infantiles	24
		Balonmano	Cadetes Blm	Cadetes	27
			Infantiles Blm II	Infantiles	24
			Infantiles I Blm	Infantiles	26
		Fútbol Sala	Infantiles I	Infantiles	7
			Infantiles II F.S.	Infantiles	23
			Infantiles III F.S.	Infantiles	26
		Voleibol	Infantil Voleibol I	Infantiles	24
			Infantil Voleibol II	Infantiles	24
			Voleibol Cadetes III	Cadetes	41
23700359 - I.E.S. Abula	Vilches	Ajedrez	Ajedrez	Alevines	18
		Atletismo	Atletismo	Infantiles	34
		Baloncesto	Baloncesto	Infantiles	24
		Balonmano	Balonmano	Infantiles	13
		Fútbol Sala	Fútbol	Infantiles	24
		Voleibol	Voleibol	Infantiles	24
23700426 - I.E.S. Cañada de las Fuentes	Quesada	Ajedrez	ajedrez	Cadetes	30
		Atletismo	Atletismo	Infantiles	28
		Baloncesto	baloncesto cadete	Cadetes	30
			baloncesto infantil	Infantiles	30
		Fútbol Sala	Fútbol cadete	Cadetes	30
			Fútbol infantil	Infantiles	30
		Voleibol	voleibol cadete	Cadetes	30
			voleibol infantil	Infantiles	27

23700487 - I.E.S. Almicerán	Peal de Becerro	Ajedrez	Ajedrez	Infantiles	27
		Atletismo	Atletismo	Cadetes	21
		Baloncesto	Baloncesto Cadete	Cadetes	26
			Baloncesto Infantil	Infantiles	20
		Fútbol Sala	Fútbol Sala Cadete	Cadetes	24
			Fútbol Sala Infantil	Infantiles	33
		Voleibol	Voleibol Cad. Fem.	Cadetes	26
			Voleibol Infantil	Infantiles	21
23700542 - I.E.S. Antonio de Mendoza	Alcalá la Real	Ajedrez	Ajedrez	Infantiles	22
		Atletismo	Atletismo 1	Infantiles	17
			Atletismo 2	Cadetes	20
		Baloncesto	Baloncesto	Cadetes	19
			Baloncesto cadete	Cadetes	24
		Fútbol Sala	Fútbol Sala cadete	Cadetes	20
			Fútbol Sala infantil	Infantiles	19
23700554 - I.E.S. Juan Pérez Creus	La Carolina	Atletismo	Grupo 3	Cadetes	42
		Baloncesto	Grupo 2	Cadetes	15
		Fútbol Sala	Grupo 1	Cadetes	25
23700578 - I.E.S. San Juan Bautista	Navas de San Juan	Ajedrez	Tenis de Mesa	Cadetes	31
		Atletismo	AT	Cadetes	29
			AT2	Cadetes	31
		Baloncesto	BC1	Infantiles	31
			BC2	Cadetes	33
		Fútbol Sala	FT1	Infantiles	30
			FT2	Cadetes	30
		Voleibol	VB	Cadetes	31

23700591 - I.E.S. Juan del Villar	Arjonilla	Atletismo	Atletismo	Infantiles	20
			Bádminton	Cadetes	21
		Baloncesto	Baloncesto A	Cadetes	15
			Baloncesto B	Infantiles	19
		Fútbol Sala	Fútbol Sala A	Cadetes	18
			Fútbol Sala B	Infantiles	20
23700657 - I.E.S. Pablo Rueda	Castillo de Locubín	Atletismo	Atletismo Cadete	Cadetes	57
			Atletismo Infantil	Infantiles	60
		Fútbol Sala	Fútbol Sala Cadete	Cadetes	30
			Fút. Sala Inf. Fem.	Infantiles	46
			Fút. Sala Inf. Masc.	Infantiles	34
		Voleibol	Voleibol Femenino	Cadetes	32
23700682 - I.E.S. Picos del Guadiana	Huesa	Ajedrez	Ajedrez	Infantiles	25
		Atletismo	Atletismo 1	Cadetes	27
			Atletismo 2	Cadetes	23
		Fútbol Sala	Fútbol Sala 1	Infantiles	25
			Fútbol Sala 2	Cadetes	25
		Voleibol	Voleibol	Cadetes	22
23700724 - I.E.S. Sierra de la Grana	Jamilena	Ajedrez	1º y 2º de ESO	Infantiles	10
		Atletismo	3º y 4º	Cadetes	25
		Baloncesto	3º y 4º	Cadetes	17
		Fútbol Sala	1º y 2º de ESO	Infantiles	18
23700761 - I.E.S. Alhajar	Pegalajar	Fútbol Sala	Fútbol femenino	Infantiles	28
			Fútbol 1 y 2	Infantiles	27
			Fútbol 3 y 4	Cadetes	24
		Voleibol	Voleibol femenino	Cadetes	24

23700785 - I.E.S. Ruradia	Rus	Atletismo	Atletas	Infantiles	23
		Baloncesto	Basket1	Infantiles	16
			Basket2	Cadetes	17
		Fútbol Sala	FutSala 1	Infantiles	22
			FutSala 2	Cadetes	21
		Voleibol	Voley	Cadetes	20
23700803 - I.E.S. Juan de Barrionuevo Moya	Villanueva de la Reina	Ajedrez	Ajedrez 1	Infantiles	32
		Atletismo	Atletismo 1	Infantiles	27
			Atletismo 2	Infantiles	27
		Baloncesto	Baloncesto 1	Infantiles	29
			Baloncesto 2	Infantiles	28
			Baloncesto 3	Cadetes	29
23700815 - I.E.S. Llano de la Viña	Villargordo	Atletismo	Atletismo	Infantiles	15
			Atletismo 2	Cadetes	16
		Baloncesto	baloncesto	Cadetes	15
		Fútbol Sala	Fútbol Sala	Cadetes	16
23700827 - I.E.S. Az-Zait	Jaén	Baloncesto	Az-zait Baloncesto cadete	Cadetes	6
			Az-zait Baloncesto Infantil	Alevines	2
		Fútbol Sala	Az-zait Fútbol Sala Cadete	Cadetes	5
			Fútbol Sala	Infantiles	8
23700839 - I.E.S. Santa Teresa	Jaén	Atletismo	Atletismo	Infantiles	43
		Baloncesto	Baloncesto	Cadetes	23
		Fútbol Sala	Fútbol Sala 1	Infantiles	16
			Fútbol Sala 2	Cadetes	14
23700840 - I.E.S. María Bellido	Bailén	Baloncesto	Baloncesto	Cadetes	11
		Balonmano	Balonmano	Cadetes	10
			Balonmano	Infantiles	10
		Fútbol Sala	Fútbol Sala	Infantiles	10
			Fútbol Sala	Cadetes	8

23700864 - I.E.S. Sierra de las Villas	Villacarrillo	Ajedrez	Grupo 4	20
		Atletismo	Grupo 6	45
		Baloncesto	Grupo 3	33
		Fútbol Sala	Grupo 1	15
			Grupo 2	35
		Voleibol	Grupo 5	24
23700876 - I.E.S. García Lorca	Jaén	Ajedrez	Infantiles	16
		Atletismo	Infantiles	0
		Baloncesto	Infantiles	11
		Fútbol Sala	Infantiles	23
23700888 - I.E.S. Santa Engracia	Linares	Baloncesto	Infantiles	12
		Fútbol Sala	Infantiles	10
		Voleibol	Infantiles	19

Nota: No aparece el I.E.S. Pedro Pablo López de los Arcos de la localidad de Ibros, al abandonar el Programa debido a la ausencia de grupos.

www.ingramcontent.com/pod-product-compliance
Lightning Source LLC
Chambersburg PA
CBHW080400170426
43193CB00016B/2774